经理人下午茶系列 15

# 留住最好的员工

《哈佛管理前沿》
《哈佛管理通讯》 编辑组 编

徐玲 董岩 译

商务印书馆
2008年·北京

**RETAINING YOUR BEST PEOPLE**

Original work copyright © Harvard Business School Publishing Corporation.

Published by arrangement with Harvard Business School Press.

图书在版编目(CIP)数据

留住最好的员工/《哈佛管理前沿》《哈佛管理通讯》编辑组编;徐玲,董岩译.—北京:商务印书馆,2008
(经理人下午茶系列)
ISBN 978-7-100-05690-8

Ⅰ.留… Ⅱ.①哈…②徐…③董… Ⅲ.企业管理:人事管理 Ⅳ.F272.92

中国版本图书馆 CIP 数据核字(2007)第183934号

所有权利保留。
未经许可,不得以任何方式使用。

## 留住最好的员工
《哈佛管理前沿》《哈佛管理通讯》编辑组 编
徐玲 董岩 译

商务印书馆出版
(北京王府井大街36号 邮政编码 100710)
商务印书馆发行
北京瑞古冠中印刷厂印刷
ISBN 978-7-100-05690-8

2008年11月第1版　　开本 650×1000　1/16
2008年11月北京第1次印刷　印张 12
印数 5 000 册
定价:30.00元

## 商务印书馆—哈佛商学院出版公司经管图书翻译出版咨询委员会

（以姓氏笔画为序）

方晓光　盖洛普(中国)咨询有限公司副董事长
王建铆　中欧国际工商学院案例研究中心主任
卢昌崇　东北财经大学工商管理学院院长
刘持金　泛太平洋管理研究中心董事长
李维安　南开大学国际商学院院长
陈国青　清华大学经管学院常务副院长
陈欣章　哈佛商学院出版公司国际部总经理
陈　儒　中银国际管理公司执行总裁
忻　榕　哈佛《商业评论》首任主编、总策划
赵曙明　南京大学商学院院长
涂　平　北京大学光华管理学院副院长
徐二明　中国人民大学商学院院长
徐子健　对外经济贸易大学副校长
David Goehring　哈佛商学院出版社社长

# 致中国读者

哈佛商学院经管图书简体中文版的出版使我十分高兴。2003年冬天,中国出版界朋友的到访,给我留下十分深刻的印象。当时,我们谈了许多,我向他们全面介绍了哈佛商学院和哈佛商学院出版公司,也安排他们去了我们的课堂。从与他们的交谈中,我了解到中国出版集团旗下的商务印书馆,是一个历史悠久、使命感很强的出版机构。后来,我从我的母亲那里了解到更多的情况。她告诉我,商务印书馆很有名,她在中学、大学里念过的书,大多都是由商务印书馆出版的。联想到与中国出版界朋友们的交流,我对商务印书馆产生了由衷的敬意,并为后来我们达成合作协议、成为战略合作伙伴而深感自豪。

哈佛商学院是一所具有高度使命感的商学院,以培养杰出商界领袖为宗旨。作为哈佛商学院的四大部门之一,哈佛商学院出版公司延续着哈佛商学院的使命,致力于改善管理实践。迄今,我们已出版了大量具有突破性管理理念的图书,我们的许多作者都是世界著名的职业经理人和学者,这些图书在美国乃至全球都已产生了重大影响。我相信这些优秀的管理图书,通过商务印书馆的翻译出版,也会服务于中国的职业经理人和中国的管理实践。

20多年前,我结束了学生生涯,离开哈佛商学院的校园走向社会。哈佛商学院的出版物给了我很多知识和力量,对我的职业生涯产生过许多重要影响。我希望中国的读者也喜欢这些图书,并将从中获取的知识运用于自己的职业发展和管理实践。过去哈佛商学院的出版物曾给了我许多帮助,今天,作为哈佛商学院出版公司的首席执行官,我有一种更强烈的使命感,即出版更多更好的读物,以服务于包括中国读者在内的职业经理人。

在这么短的时间内,翻译出版这一系列图书,不是一件容易的事情。我对所有参与这项翻译出版工作的商务印书馆的工作人员,以及我们的译者,表示诚挚的谢意。没有他们的努力,这一切都是不可能的。

哈佛商学院出版公司总裁兼首席执行官

万 季 美

# 目录

序　言 　　　　　　　　　　　　　　　　　　　　001

## 第一部分　将保留人才作为核心战略

1. 将保留人才作为核心战略　　保罗·米歇尔曼　　021
2. 人力资本与商业战略的密切结合
   ——来自实践先驱者的观点
   　　　　　　　　　卡桑德拉·A.弗兰戈斯　　035
3. 留住员工——经理们该做什么　　　　　　　049
4. 如何留住核心员工　　爱德华·普鲁伊特　　067
5. 员工愿意为你工作吗？　　　　洛伦·加里　　077

## 第二部分　激励员工

1. 谁的工作令员工满意？　　安杰利亚·赫林　　089
2. 优秀经理管理员工的方法　保罗·米歇尔曼　　097
3. 指导员工之道　　　　　　玛莎·克劳默　　103
4. 赏识和奖励员工的方法
   ——采访鲍勃·纳尔逊　　　　　　　　　113
5. 授权范围管理　　　　　　艾伦·伦道夫　　119

### 第三部分　依照员工类型选用特定的技巧

1. 在严峻的就业形势下，留住优秀经理的关键因素
　　　　　　　　　　　　玛丽·金德伦　　12
2. 应对女性员工离职的问题
　　　　　　　　　　克里丝滕·B. 多纳休　　13
3. 管理劳动力短缺 I——如何留住 50 岁左右的员工　　14
4. 管理劳动力短缺 II——聘用并保留优秀的年轻员工　　15

### 第四部分　从员工那里获取最大的价值

1. 从优秀员工那里获得建议　艾伦·G. 鲁宾逊　　16
2. 发挥优点还是弥补缺点——哪个更有效？
　　　　　　　　　　　　梅丽莎·拉夫尼　　16
3. 当最好的员工离开时，他们也把知识带走了吗？
　　　　　　　　　戴维·博思和戴维·Y. 史密斯　　17

作者简介　　　　　　　　　　　　　　　　　18

# 序　言

　　你的团队或小组人员流动频繁吗？你是要留住那些最有价值的员工，还是任由他们流失到竞争对手的公司呢？在当前这个时代，求职市场周期性地呈现出对求职者有利和不利的变化，因此，如何在劳动力短缺时留住优秀的人才，将成为每位经理的首要职责。的确，在人才流动日趋活跃的今天，许多企业要求经理们达到一定的人才保留率，并为此提供不同的报酬，那些帮助优秀员工在企业内调整职位，而不是任由他们流失到竞争对手公司的经理还会为此受到嘉奖。

　　是什么原因促使越来越多的企业将保留人才作为核心竞争战略的重点呢？我们正生活在一个知识时代，企业的竞争就是人才的竞争。企业的人力资本构成其最重要的竞争优势。人口统计数据的变化表明即将出现的劳动力短缺将会达到前所未有的程度。2000年美国劳动统计局的一份报告指出，到2010年，美国将会有超过1 000万个工作岗位招聘不到员工。

　　在留住并吸引更多优秀员工的过程中，如果企业采用红利和其他薪酬激励方式对保留人才给予奖励，从经济的角度看，这样做可以获得丰厚的收益。你还将为企业创造巨大的价值。缔造一支忠诚、有才能并且充满热情的团队能够：

● 唤起其他员工的忠诚和责任感

● 加深对自己企业和客户的了解,有助于员工为客户提供更好的服务

● 以更具创新和协作的意识来参与企业工作

● 在工作中获得更高的满意度,体会到工作的深刻意义

● 培养员工的团队精神并提高他们对公司的忠诚度

面对这些决定企业生死的结果时,经理们唯一的选择是不断提高企业的人才保留率。

## 保留人才的综合战略

尽管多数经理都知道保留人才的重要性,但实际上只有在人才储备枯竭时,他们才会采取措施留住有价值的员工。这样做也并非不合理,但留给员工的印象却是企业只想到自身的利益。与此相反,应该从长远来看待人才保留的问题。更重要的是,企业希望塑造一种什么样的文化,说服那些最好的员工继续留在

企业能实现自己的价值——即使是在企业面临困境、薪酬下滑的情况下。你应该如何管理和激发下属以赢得他们对团队和企业的忠诚呢？如何向表现最优秀的员工表示你的赞赏和敬意，如何更好地激发他们对工作的责任感呢？

实现这些目标需要综合运用最好的人才管理技能——从创建一个宽松、充满成长机会和发展空间的工作环境，到让优秀的人才更深入地参与，进而更加忠实于企业。但这还只是开始，为了保留更多优秀的员工，还需要掌握如何利用管理技术的优势，如绩效评估、指导和激励措施等，以提高人才保留率。

当然，在人才保留战略中，不存在一个通用的方法。这是因为不同类型的员工——管理人员、女性员工、"50岁左右的员工"、刚参加工作的年轻人——具有不同的需求，他们在作出职业选择时也受到不同利益的驱使。每种人都以自己独特的方式体现其价值。例如，年轻人可以为企业带来新颖的观点，而已经工作几年的员工则对企业所处的行业已经有了深入的了解。为了充分利用这些优势并吸引不同的人员，经验丰富的经理会分别制定不同的人才保留战略。

最后，仅仅留住优秀的下属是不够的。还需要充分挖掘他们的潜力。要肯定他们创造性的工作为企业作出了突出贡献，这样就会使他们更加投入地工作。你所获得的价值不仅包括员工所创造的工作价值，还包括从他们身上学到很多技能。这样，一旦他们最终全部离开企业，你的团队或部门依然能够运用这些技能正常工作。获得更大价值还意味着要鼓励员工积极参与，大胆地提出建设性的意见，这样更能激发他们对企业发展的热忱。他们就可以提供更好的服务，从而创造出更多的忠实客户，这些客户反过来会推动企业的成长，提升企业的获利能力和股票价格。

如果你已经得出结论，即保留人才应该是一项复杂的系统工程，这说明你的想法是对的。尽管留住人才需要复杂的工作，但也是可以掌握的。本部分的文章将向你提供一系列有益的指导。首先让我们来了解一下本书的大致内容。

## 将保留人才作为核心战略

优秀的经理表现出特殊的人才保留技能——如吸引优秀员工留在企业的能力、及时发现员工打算离职的早期征兆、给那些优秀的员工提供机会、提升自己的职业生涯等。该部分的文章讨论了如何提高企业人才保留率的一系列技巧。

商业编辑保罗·米歇尔曼（Paul Michelman）的文章"将保留人才作为核心战略"（Why Retention Should Become a Core Strategy Now）是这部分的开

篇。保罗·米歇尔曼认为，如果管理层为员工提供更多的成长和提高自己技能的机会，帮助他们在自己的职业生涯中向上发展，许多员工就愿意继续留在企业。如何提供这些机会呢？你要尽可能了解你的员工。你应该问他们："我们应该怎么做才能留住你们？在职业生涯的下一阶段，你打算做些什么？"另外，还要让优秀的员工知道你珍惜他们、依靠他们，想通过尽可能多的方式回报他们。那他们会做什么呢？即使"猎头"频繁联系他们，他们依然会更加坚定地和你在一起。

在"人力资本与商业战略密切结合——来自实践先驱者的观点"（Aligning Human Capital with Business Strategy: Perspectives from Thought Leaders）一文中，管理学家卡桑德拉·A. 弗兰戈斯（Cassandra A. Frangos）分析了三位专家关于员工保留和战略管理的理论。例如，《如何衡量人力资源管理》（*The ROI of Human Capital*）一书的作者、萨拉托加学院创始人和主席杰克·菲茨-恩兹（Jack Fitz-enz）博士，敦促管理层熟悉掌握与人才保留有关的量化指标（诸如人才流失成本），努力实现具有挑战性的目标（例如："年终将人才流失的比例减少25％"）。

在本文中，平衡计分卡管理方法以及平衡计分卡协会的创始人之一戴维·诺顿（David Norton）认为："通过客观地评价有才能的员工对公司战略的贡献，经理们可以更好地进行人力资源的管理。经理们应与人力资源主管合作,创造出一种通用的语言,并开发出一套规范的措施和标准来共享企业员工创造的具有战略价值的知识。

本文的第三位专家——美国人力资源管理协会前任主席兼首席执行官海伦·德里南(Helen Drinan),建议经理们应加深对公司宏观商业环境的了解,并且在公司经营陷入低谷时经受得住长期留住员工的挑战。唯有如此,经理们才能制定出成功的人才保留战略。

在下一篇文章"留住员工——经理们该做什么"(Employee Retention: What Managers Can Do)中,介绍了留住人才的方法,其中包括及早发现员工离职征兆的诸多方法(表现在行为的变化,如上班经常迟到、业绩下滑、"职业倦怠"等)。本文还提供了"保留人才管理方法"的一系列标准。例如,为"营造一个良好的工作氛围",就要真正地关心每位员工,及时与员工沟通,通报一些企业信息及其发展战略——使员工切实地感受到你对他们的信任,并相信他们实现公司目标的能力。为"创造伟大的工作",应该给员工安排那些能够发挥他们特长的工作。此外,还要及早地发现和处理员工的不满,经常就工作环境和你的管理风格与他们进行交流。文章还进一步介绍了帮助爱换工作的员工找到在公司发展的新机会,在企业内部创造工作机会,以吸引最适合的人才,长期为企业效力。

在"如何留住核心员工"(How to Keep Your Company's Star Employees)一文中,你会得到一些有价值的建议。本章作者爱德华·普鲁伊特(Edward Prewitt)肯定这样的一个事实,很多经理都吃惊地发现:薪酬并不是提升员工企业忠诚度的最重要的激励因素。事实上,过分强调薪酬反而会对企业造成损害,因为这样做只能让员工跳槽到提供更高薪金的企业。与其用高薪来挽留这些企业骨干,还不如创造一个良好的工作环境。其中包括给优秀的员工提供充足的机会,让他们学习到新的技能,为他们的工作表现提供建设性的意见。另外,一个"糟糕的老板"是促使优秀员工离开企业的最常见的原因,所以还要保证能够正确地对待下属。

在此部分的最后一篇文章"员工愿意为你工作吗?"(Do People Want to Work for You?)中,商业作家洛伦·加里(Loven Gary)对有效保留人才的管理方法作了进一步的剖析。他提出了经理们必须具备的五项基本技能,以提高识别和保留人才的能力。例如,保留人才始于识别和发现人才。为了能够把最好的人才放到合适的位置,应该确保候选者"具有丰富的工作经验和能力"。也就是说,经理们要积极地参与甄选和招募的过程,而不是把这项工作全部"外包"给人力资源部门来处理。

其他的技能还包括建立关系(让新员工融入团队

文化中）和建立信任（表现你的可信度、以员工为自豪、尊重他们、一视同仁、培养一种团队认同感）。洛伦·加里还着重讲述了技能建设（帮助员工不断提高他们的现有能力，获取新的技能）和企业品牌建设（在员工心中提升企业形象）的作用。

## 激励员工

这部分的几篇文章详细讲述了一些行之有效的激励员工的技巧。激发优秀员工主动性的好处在于可以增强员工对企业的责任感。

在"谁的工作令员工满意？"（Whose Job is Employee Satisfaction?）一文中，商业编辑安杰利亚·赫林（Angelia Herrin）强调了绩效评估的重要作用。她认为大部分经理人使用绩效评估只是为了制定标准和目标。然而，这些会议却给经理们提供了宝贵的机会，他们可以赞扬员工的出色表现，认真了解员工所真正关心的事情，激励那些业绩表现突出的员工。如果在评估会议上讨论了员工的要求，就可以及早消除他们的不满，把离职的想法转变成对企业的忠诚。

其中关键的一点就是鼓励员工把他们不满的原因描述得详细一些。如果一名员工要求加薪，这通常代表着希望得到赏识、获得尊严和尊重。在这种情况下，

可以请员工说明工作上的具体要求,并充分利用和发挥现有的资源,比如培训项目或工作任务的延伸,来满足员工对职业发展的渴望。

保罗·米歇尔曼是"优秀经理管理员工的方法"(How Great Managers Manage People)一文的作者(该部分的下一篇文章)。这篇文章对激励员工作了进一步的探讨。员工在企业工作的时间越长,他就能为客户提供更好的服务,从而提高客户的忠诚度。反过来,客户的忠诚度又推动了企业的发展,提高了企业的长期获利能力和股票价格。

保罗·米歇尔曼论述了几种提高员工积极性的方法。其中的一个方法就是寻找和奖励那些运用自己的聪明才智重新定义工作方法的员工。比如,有些客服代表将电话作为与客户拉近距离的工具,与所有的客户保持良好的关系。与缺少这一能力的客服代表相比,前者的工作会更有效率。另一种方法是帮助下属以其现有的独特能力为基础,从而达到更出色的表现。

指导也是激励优秀员工最有效的工具之一。商业作家玛莎·克劳默(Martha Craumer)在"指导员工之道"(How to Coach Your Employees)一文中就论证了这一点。为什么一个有技巧的指导方法能更好地留住员工呢?因为这是一个互动的过程,在这个过程中,你可以帮助员工设计和实现他们的职业梦想。那些实现了职业目标的员工更有可能继续留在企业中。

正如其他的管理职责一样,指导也需要特殊的技巧。比如,在指导过程中,你要集中精力去关注员工,积极倾听他们的心声和观点,问一些开放性的问题(不能用"是"或"不是"回答的问题),鼓励员工开拓新的思路,从一个全新的角度来看待问题。玛莎·克劳默还简要介绍了指导需要的其他重要技巧,阐述了如何通过指导关系来建立和协调相互间的信任和尊重。

如何识别和奖励业绩突出的员工,对能否聘用到优秀的员工也会产生同样重要的影响。原因何在?精明干练的经理认同员工的能力,会让员工感到自己与众不同,这样有利于培养个人对团队和公司的忠诚与奉献精神。在"赏识和奖励员工的方法"(Employee Recognition and Reward)一文中,商业作家及员工激励专家鲍勃·纳尔逊(Bob Nelson)将讲述开展有效赏识的技巧。

例如,应该尽早认可那些业绩表现优秀的员工,清楚地传递你赏识他们的信息,这样他们就可能重复实现期望中的业绩。当然,选择正确的表扬方式也是非常重要的。找出下属认可的赏识方式,诸如一份书面的感谢函、一封表达你谢意的电子邮件、亲自会见你的员工或者在团队或部门会议上公开宣布某位员工取得的成绩。在经济萧条时期,不可能提供太多的金钱奖励,因此一句支持或赏识的话语,或是组织一次团队午餐庆祝取得的成绩,都能产生很好的效果,更重要的是这样做的成本很低。

本部分的结尾文章是商学教授艾伦·伦道夫(Alan Randolph)所著的"授权范围管理"(Real Empowerment? Manage the Boundaries),文章集中讨论了如何加深员工主人翁意识的策略。当他们感到应该对所从事的工作承担更多的责任时,对公司的贡献就会越大。

按照艾伦·伦道夫的理论,如果能够理性地使用范围管理来准确地定义对员工的期望,你就能加深员工们的主人翁意识。例如,通过逐渐增加员工承担责任的复杂程度,可以培养他们掌握全局的意识。在一家制造公司里,车间层面的团队最初可以就某些简单的工作任务作出决定,如质量检测。当他们累积了足够的经验以后,就可以承担更加复杂的任务,如选择操作方法。他们的积极性和业绩都达到了前所未有的高度。

另外一项范围管理策略是当你察觉到已经出现了气馁情绪时,应该对取得的进步给予表扬并拓宽授权的范围。一家公用事业公司的管理层为解决士气下降的问题,要求员工们为自己的团队制订业绩改进的目标,并为之而努力。最初的一些零星想法逐渐汇集成一套完整的思路,其中包括一项关于零件回收的建议,仅此一项就可以节约100 000多美元的成本。

# 依照员工类型选用特定的技巧

不同类型的员工群体——经理、女性员工、年长员工、年轻员工——会表现出各自不同的价值观，在作出职业选择时，他们兴趣的侧重点也会有所不同。你应该掌握他们的价值观，赢得这些群体里最优秀人才的忠诚，然后有针对地采用保留和聘用策略。

本部分的第一篇文章是商业作家玛丽·金德伦（Marie Gendron）撰写的"在严峻的就业市场形势下，留住优秀经理的关键因素"（Keys to Retaining Your Best Managers in a Tight Job Market）。根据玛丽·金德伦的观点，各家公司已经感到现在要留住优秀的经理人比以往任何时候都更加困难。应对这些挑战可以采用的策略包括确定薪金对哪些职位会起重要作用——一般情况下为信息技术领域的管理职位。针对这种情况采取措施，提供具有竞争力的工资待遇。在确定应该提供多高的薪金时，你可以跟踪分类广告，与人力资源机构的成员建立联系，也可以寻求行业组织的帮助。而对某些职位来说，薪金并不是最重要的因素，这时可以考虑让管理人员更加平等的参与。另外一个值得关注并应该解决的问题是注意出现倦怠的迹象，这也是导致跳槽的一个原因，在那些负担过重的经理人中这种情况尤为突出。

本部分的第二篇文章为商业作家克里丝滕·B.多纳休(Kristen B. Donahue)所著的"应对女性员工离职的问题"(Why Women Leave—And What Corporations Can Do About It),文章集中论述了如何留住优秀的女性员工。克里丝滕·B.多纳休解释说,许多有才干的妇女离开了公司,开创自己的企业,因为她们在公司内感觉晋升无望,由此造成的"人才流失"会对公司造成损害。

如何扭转这种局面呢?经理们应该促进有关性别平等方面议题的讨论和探索。请回答这样的问题:你是否需要加倍努力,以保证妇女能够参与到重要的商业交流活动中,如非正式的商业联系网络、指导关系或在下班后与客户共同参加社交活动。此外,还需要努力清除那些阻碍女性员工取得成功的"无形"障碍,比如歧视女性员工的陈规陋习,正是这些规定影响了哪些人应该得到提升,哪些人有资格参与职业晋升项目。还应该促进全体员工理解女性员工带给企业的特殊价值,例如,她们更倾向于鼓励信息共享,喜欢采用一种更加开放的管理风格。

"管理劳动力短缺Ⅰ——如何留住50岁左右的员工"(How to Keep Your 50-Somethings)一文,将本部分的关注点转移到如何留住那些经验丰富的员工,那些婴儿潮时期出生的人已经赢得了诚信可靠和工作效率高的信誉,在公司的智力资本中,他们也占有绝对重要的地位。这个年龄段的员工将会大批退休,因此你需要制订计划,留住那些有价值的雇员并且充分发挥他们的价值。

可以有针对性地制订报酬计划,比如,增加退休基金的比例。许多年龄大的职工同样非常欣赏灵活的工作时间,希望能有机会从事兼职工作、承担部分职责或远程工作。对于那些正在考虑是否继续留在现有企业的老员工来说,自主决策意味着能够按照自己的愿望进行工作,以探究那些感兴趣的新挑战,所以会更具有吸引力。仅仅与50岁以上的员工开展对话——了解他们的需求在发生哪些变化、理想的工作环境由哪些方面组成——就可以找到新的解决方法。

"管理劳动力短缺Ⅱ——聘用并保留优秀的年轻员工"(Finding-and Keeping-Good Young Employees)一文探讨了年龄段的另一个极端。由于婴儿潮后出生的人口相对较少,劳动力市场人才紧缺,从1990年以来,25～34岁年龄段的员工数量已经下降了12%,预计这一数据还会继续增加。这些趋势严重阻碍了企业从年轻雇员身上获得新颖见解的机会。

为了解决这个问题,需要同时关注招聘、保留和重组等多项策略。例如,制定"价值提议"方案,这样做可以在年轻求职者的心目中树立起公司与其他竞争公司不同的形象。为了保持年轻员工对公司的忠诚,可以

考虑提供那些年轻人认为有价值的非常规性福利,如汽车保险、家庭保险和预付法律服务等,作为健康保险的补充。最后,可以设计一些可变性工作,以吸引那些喜欢采用自由经纪人或企业家方式工作的年轻人。例如,允许他们度公休假,做业务咨询工作,如果他们感兴趣,也可以交给他们间歇性的任务以满足公司的需要。

## 从员工那里获取最大价值

仅仅依靠有才干的员工并不够,你还需要充分利用他们带给企业的独特知识、理念和技巧。当人们看到自己的才干在组织中得到应用,他们会感到相当的满足,进而产生对组织的责任感。

商业作家艾伦·G.鲁宾逊(Alan G. Robinson)在"从优秀员工那里获得建议"(Getting the Best Employee Ideas)一文中,介绍了从表现优异的员工身上获取价值的方法。作者强调获得员工们"个人想法"的重要性,而这些想法,他们自己可能认为没有什么价值。但是,如果将这些想法汇集到一起,就可以提高整个组织的业绩。艾伦·G.鲁宾逊认为,与大的理念不同,个人想法不容易为竞争公司所知。因此,想要对抗或效仿这些个人想法并非易事。由此看来,这些想法可以给公司带来竞争优势。雇员们发现自己以前的建议得到了采纳并已经付诸实施,他们会产生更多的个人想法。因此,公司应该将好的想法尽快付诸实施,并及时赞许提供想法的员工。

本部分的下一篇文章为咨询师梅丽莎·拉夫尼(Melissa Raffoni)所著的"发挥优点还是弥补缺点——哪个更有效?"(Honing Strengths or Shoring Up Weaknesses: Which is More Effective?),这篇文章探讨了充分利用业绩优秀员工所具有的独特才干的重要意义。从业绩表现优异的员工身上获取最大价值,并由此增加留住他们的机会。拉夫尼建议,你应该扬长避短,并将发挥员工的优势和解决他们的薄弱领域这两个方面加以平衡。为什么呢?因为确保满足企业的需求需要在这两方面作出努力。

改进薄弱领域的方法,可以是强调某一特定问题领域的战略重要性,向雇员说明如果忽视相应能力需要付出的成本。同时,还应将增加技能的过程尽量设计得轻松。例如,某位雇员不善于时间管理,但是你很清楚他对技术比较着迷。在这种情况下,你可以给他提供一些时间管理工具,这样不但可以给他带来帮助,还可以让他发挥自己的想象力。

如果你刚好管理那些喜欢作出改变的员工,他们最终很有可能会调动到组织的其他部门,及时从他们身上获取有价值的资源就显得尤为迫切。当然,把他

住最好的员工

们留在公司,远比让他们跳到竞争对手那里要好得多。无论这些员工调动到组织内的任何部门,他们都会带走某些重要的知识,而这些知识正是使你的团队表现优秀所需要的。

埃森哲公司（Accenture）的咨询师戴维·博思（David Boath）和戴维 Y.史密斯（David Y. Smith）在本部分的最后一篇文章"当最好的员工离开时,他们也把知识带走了吗?"（When Your Best People Leave, Will Their Knowledge Leave, Too?）中探讨了这个问题。作者提供了从生产效率最高的那些员工身上获取知识的战略方法。例如,你应该确定失去信息和经验将在哪些方面导致最大的损失。哪些员工的离开会导致你领导的小组的一个重要岗位变成真空?制定一个接替规划方案,保证重要岗位的员工离职后,能够有具有同样才能的接替者。利用技术的优势,如网上学习或业绩激励技巧,听取专家的独到见解,为员工营造一个学习的好环境。

留住公司最优秀的人才需要综合运用多种管理技能。阅读本部分的精选文章时,请回答如下问题:

- 失去团队中哪些员工你觉得最可惜?
- 向这些人表达你的赏识的最好的方式是什么?
- 你会采取哪些措施营造一种工作环境,以保证员工对团队和公司尽职尽责?

在你的公司里，最优秀的员工希望从他们的职业生涯中收获到什么？他们是否有机会得到提升？他们是否有机会与喜欢的人一起工作？他们的工作任务是否存在多样性？你将怎样发现并满足这些要求，并使下属忠诚于你？

# 第一部分 保留人才作为核心战略

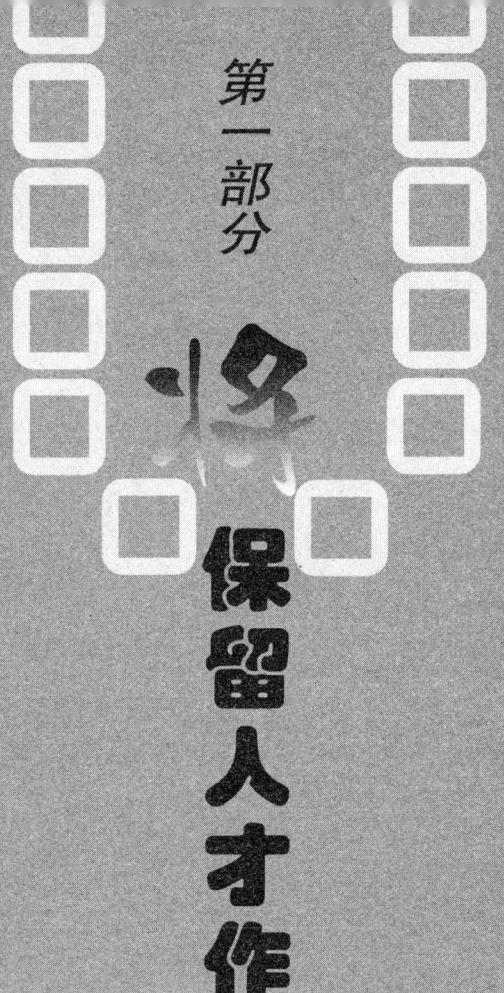

将保留和聘用员工作为企业的核心竞争战略，你需要增强某些特殊技能。这些技能包括了解如何吸引优秀人才加入你的团队，识别有价值员工产生离职念头时的早期表现，为表现优异的员工提供晋升机会。下面精选的几篇文章重点探讨了这些技能和其他几种技巧，并且提出了应用这些技能的建议。

例如，在这些文章中，你会学到如何发现并支持最好的员工实现其职业梦想，如何衡量员工保留对公司的价值；你还会发现某些令人惊讶的事实，例如，薪金并不是激励员工最有效的因素；最后，你将会学到五项基本能力，在忠诚敬业的员工心目中，帮助你树立"懂得选择的经理"的美誉。

# 1. 将保留人才作为核心战略

保罗·米歇尔曼

# 1. 将保留人才作为核心战略

保罗·米歇尔曼

星期三中午12:05,在线就业大市场怪物网(Monster)的奠基人杰夫·泰勒(Jeff Taylor)还在工作。助理敲开办公室的门,提醒他应该进入下一个日程:员工午餐会。杰夫·泰勒每两个月举行一次员工午餐会,公开进行讨论。星期四,杰夫·泰勒将利用上午时间为27名新聘用的员工开办一个培训课程。本周晚些时候,杰夫·泰勒还将在公司全体成员参加的聚会中担任主持人,这次活动是对员工的犒赏。去年举行的假期晚会由于看上去太过铺张而被取消。这些天,公司员工还有其他事需要庆祝一下,那就是刚刚得到了优势提升的奖励。

对杰夫·泰勒和其他具有类似观念的领导人来说,关注士气和人才保留的作用,不仅仅能在艰难时期维持积极的工作环境。这样做,也不单单为了保证市场出现新的机遇时,最好的员工依然能够保持对公司的忠诚。这样做关系到建立一条处理问题的原则,这条原则将在今后几年对公司的运行至关重要。根据劳工统计局（Bureau of Labor Statistics）2000年的报告，到2010年美国将会有1 000多万个工作岗位招不到人，导致这种局面的原因很多，其中包括婴儿潮期间出生的人已到了退休的年龄、25～34岁之间的劳动力数量明显减少等。

也许你认为1999年对雇主来说是个坏年份。杰夫·泰勒认为，"1999年只是我们将在2008年看到的景象的一个缩影，在未来五年内，我们将会面临有生以来劳动力最严重的短缺现象"。

许多专家同意杰夫·泰勒关于劳动力短缺已迫在眉睫的看法，当然，也有些专家认为，由于技术进步和全球化脚步加快的双重作用，劳动力短缺的现象会得到一定程度的缓解。尽管如此，在不远的将来，从某一天开始，劳动力市场将会向着有利于求职者的方向转变。这一天来临时，某些组织将会受到严重的打击，尤其是那些重视表面上看似关系公司生存的问题，而将员工满意度和留住员工战略放在次要位置的公司。

约翰·A. 查林杰（John A. Challenger）是新职位介绍公司 Challenger, Gray & Christmas 的首席执行官。他认为，从全国来看，当前面临的局面比较严峻。那些想方设法避免岗位削减的公司的士气明显好于其他公司。最近的一项调查（针对美国工人）发现，34%的受访者表示整体经济状况改善后，他们很有可能离

住最好的员工

开现在的工作岗位。此外，2003年8月埃森哲公司的一项研究表明，接受调查的美国中层经理人中有48％表示，他们正在寻找另外一份工作，或计划在经济复苏后寻找另外一份工作。

因此，对于那些确信员工素质决定价值建设的公司来说，应该是时候重新考虑"他们别无选择"的员工保留战略的适用性问题了。

许多公司正在开展这项工作，他们发现留住员工的关键问题在于找到一种策略，这一策略需要同时考虑员工的个人渴望（职业发展、认可和奖励）和他们对所属组织的期望。

## 关 注 个 人

德勤华永人力资本咨询服务公司（Deloitte & Touche's Human Capital Advisory Services）的负责人戴维·肖尔科夫（David Sholkoff）认为："将员工保留战略从较次要的位置提升到重要位置也并非易事。如果到现在才开始关注员工提议，那么这些提议也只能被视为提议。或者正如一位客户告诉我的那样，'看上去，我们突然之间试着关心起我们的员工了。实际上，这只是领导层的一厢情愿。'那些从前不关心员工的公司，今天都陷入了亏损的境地。"

但是,他继续指出:"希望还是存在的,我认为,我们已经看到越来越多的员工正从长远的角度看待自己的工作。如果现在的雇主能够提供更多工作机会,他们更愿意留在现在的公司。因此,那些对保留关键人才持严肃态度的公司,在今天会有更多的机会,创造一种集灵活性、成长和发展于一体的工作环境。"

打造这种文化的责任感必须来自公司上层,专家们认为,能否合理地贯彻人才保留政策,主要取决于每位经理和他们使用优秀人才的能力——即他们在管理和激励方面的技能。将有意义和可行的工作经验传授给自己的团队成员,这样的领导更易于赢得忠诚,他们的人才保留工作也更富有成效,尤其是在金钱奖励可能下降或艰难的时期。

与贝弗利·凯(Beverly Kaye)一起撰写《爱他们还是失去他们——留住优秀员工》(*Love 'Em or Lose 'Em: Getting Good People to Stay*)一书的沙伦·乔丹-埃文斯(Sharon Jordan-Evans)认为,高级管理人员和直接经理人一样,他们也需要过问优秀员工的某些重要问题。在留住优秀员工的工作中,埃文斯建议我们提出这样的问题:"我们需要做些什么才能让你们继续留在公司?在职业生涯的下一个阶段,你打算做什么?比如,学习新东西,换头衔的机会等。"然后倾听他们的观点。"告诉他们你现在能做到和不能做到的实际情况,然后问他们'还有什么别的问题'。我保证他们一定会提出一件你能做的事。如果优秀的员工确实相信你非常重视他们、依赖他们并且希望对他们有所奖励（方式可以多种多样），他们就更可能留在公司与你一起工作，即使就业市场向有利于他们的方向转变。"

加利福尼亚大学洛杉矶分校安德森商学院人力资源管理高级项目（the Advanced Program in Human Resource Management at UCLA's Anderson School）的主管戴维·卢因（David Lewin）认为，影响人才保留的另外一个重要因素是"提供最适合员工个人兴趣的工作"，在这个过程中，经理依然扮演着主要的角色。在这方面，个体的差异非常大。因此，公司应为此付出努力，进行相应的分析，确定主要员工对非物质财富的兴趣和偏好，然后努力从行动上满足他们的偏好。

> 没有时间倾听员工的心声
> 只能传递错误的信息，
> 任何人都不希望被隐瞒
> 或者被忽视。

罗伯特哈夫管理资源公司（Robert Half Management Resources）的执行董事保罗·麦克唐纳（Paul McDonald）的观点与此不谋而合，他建议经理们调整自己的工作方法，让自己的下属更多地参与公司事务，借以培养他们对组织的责任感。经理们就如何改进工作广开思路,释放优秀员工的创造力。保罗·麦克唐纳认为,经理们同时还需要让下属产生这样一种感觉,即他们被授予了相当的权力,有足够的空间可以去冒险,他们可以自行作出最佳判断,但必须为所作的决定承担责任。他还强调,在艰难的时期更需要进行开诚布公的交流。他表示:"经理没时间只能传递错误的信息,没有谁会希望感觉到自己被搁在黑暗的角落里或是被忽视。当员工们有问题、产生顾虑或有想法时,经理应及时出现。"

一些企业认为,在留住员工的工作中,经理的角色至关重要。为此,这些公司制定了明确的责任和目标,其中包括依照不同的保留率,向经理提供多种福利。有些经理帮助优秀员工离开自己领导的部门,调动到公司内的其他岗位,这样他们就不会流失到公司以外,这些经理也会因此而受到奖励。

## 了解员工的需求——为了员工,也为公司

咨询公司 Quaero 是主动解决保留率问题的公司之一,这家公司为财富 1 000 强企业提供客户关系管理(CRM)解决方案的设计和实施服务。Quaero 公司正在努力重新建立与员工沟通的渠道,

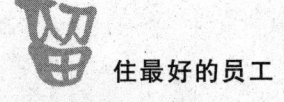

公司高级管理层已经认识到，在经济下滑期间作出的决策将会使公司陷入危险之中，至少会影响到公司的某些员工。

Quaero公司从成长期向生存期转变的过程中，公司管理层曾作出了一些强硬的决策，如减少咨询力量，严格管理决策制定和沟通的程序，在制定工作决策时强调公司需要应高于个人的发展目标，采取临时性的薪金削减措施，将2001年预期的奖金改为赠送股票认购权等。

人力资源主任戴维·德赖斯代尔（David Drysdale）表示："如果从最悲观的角度看待他们的处境，某些员工很可能得出这样的结论，他们能够证明自己对公司作出了令人难以置信的贡献，而公司却没有给予他们应有的认可。他们没有得到金钱上的回报，他们的职业期望也没有得到回应，公司'已经不希望他们以一种有意义的方式真正参与到业务中了'。"

Quaero公司很快认识到了问题的严重性，决心重振员工士气，提高员工的敬业度，为此公司同时采取了几项措施。其中包括一对一的会谈，承诺从上到下全面改进沟通和信息共享的方式，改变目前的工作安排，采用一种更加灵活的方式，按照实际公布的净收入，每个季度支付一次奖金等。

更为重要的是，Quaero在全公司范围内开展了一次有关员工敬业精神的调查，就员工的看法和优先关心的问题建立了一份清楚的原始资料。这项调查要求员工回答一系列的问题，既有概况性问题，也有很多细节性问题，戴维·德赖斯代尔希望借此勾勒出一幅有意思的全景图，掌握员工对公司的看法和他们在组织中的角色。大部分问题是要求员工就某些陈述选择自己的认可程度，如：

- 假设我能够继续完成业绩目标，至少在未来两年内，我依然希望继续留在 Quaero 工作。
- 我会向我的朋友推荐 Quaero，因为这家公司是个工作的好去处。
- Quaero 的价值观与我个人的价值观完全吻合。
- 在完成工作的过程中，我没有遇到程序或组织性障碍。
- 我所从事的工作对公司来讲是与众不同的。
- 我们的领导团队有能力和奉献精神，并且能够迎接面临的挑战。
- 我得到充分的信任，能够在日常工作中作出有意义的决定。
- 我得到的报酬与所承担的责任和完成的业绩相一致。

这次调查以开放式的问题结束，如"作为一个组织，什么样的事件会对我们的客户和公司员工带来最大的影响？"这类问题可以使员工充分发表自己的见解。

其他公司也在开展员工文化调查以及公司范围内的"留职面谈"。在这些活动中，经理们会让下属知道他们对公司是十分重要的，了解公司应该做什么才能留住他们。

在 Quaero，很重要的一点就是管理层在开始调查前就作出了公开的承诺，公司将会依据调查结果采取相应的措施。戴维·德赖斯代尔表示："实际上，展开调查并不能改善保留率，真正起作用的是公司在掌握了调查结果后会作出什么样的反应。调查能够改善保留率的方式在于真正解决调查中发现的问题，如果公司每位员工在目前的岗位上都能找到真正的价值点，他们就会非常忙碌，没有时间也没有精力东张西望，更重要的是，他们也不会出入招聘会，忙着接听招聘公司打来的电话。"

现在就对 Quaero 员工调查的影响作出评价还为时过早。戴维·德赖斯代尔指出，尽管如此，在重新鼓舞员工士气方面，公司已经初见成效。例如，公司完成了一项专门针对福利的快速调查。根据调查结果，公司更换了福利经纪公司和医疗、视力、牙科保险公司后，改进了功能和服务水平，同时公司业务的覆盖率也得到大幅度的提高。

戴维·德赖斯代尔提出了这样的问题："在就业市场紧俏时，失去优秀员工对公司来说会带来什么样的风险？这是一个现实的问题。我们已经认识到危险的存在，并采取行动着手解决这个问题。从总体上讲，士气在某种程度上与总体经济状况保持同步，尤其是在临界点附近。目前，上升的趋势已经出现，但还只是初步的迹象。我们面临的挑战，就是使曲线的倾斜度变得更加陡峭。

## 打造一种留住员工的文化

普华永道（PwC）公司审计咨询服务部门的全球领导人弗兰克·布朗（Frank Brown）认为："无论市场出现有利情况还是不利情况，优秀人才总是能找到机会。真正的问题在于建立一种文化，这样才能留住所有的员工。只有这样才能积极地回答类似的问题，我的工作是否有价值？我的观点是否得到重视？新想法是否受欢迎？公司是否尊重自己的员工？我做出的成绩是否能得到赞许和奖励？领导层的行为是否诚实可靠？"

本着创造这样一种文化氛围的愿望，普华永道制订了一系列计划，以此来关注自己的员工。

例如，普华永道澳大利亚分公司在16个月前推出了一项名为"高业绩文化"（High Performance Culture）的计划，其目的在于将公司价值观贯彻到每天的商业行为中，鼓励和带动员工的进步。经理们必须亲

自完成员工聘用工作，在全国各地所有的办事机构中，高层管理人员当众宣布取得优良业绩的人员名单。

**无论市场情况好坏，表现突出的人总能得到机会。**

但是，文化的转变如果只来自公司上层，并不能起多大的作用。弗兰克·布朗指出："当员工的行为和态度发生新的变化时，这种文化就会自然从底层表现出来。"他同时指出，普华永道正在努力追求新的文化。这是一种不再信赖规则、等级和传统的文化，而是一种将业绩、创新和变革充分协调的文化。

为了达到这一目的，并且留住那些业绩优秀的人才，普华永道斥巨资设计了一套名为"起源公园"（Genesis Park）的领导能力发展计划。弗兰克·布朗介绍，这项计划的目标，就是在公司位于全球的业务机构中，从向客户提供不同服务的一线工作人员中选择6～9名业绩表现突出的员工，将他们从能够产生双重收入的客户工作中抽调出来（由此产生的收益损失将作为公司主要投资），组成一支为期五个月的团队。这项计划的内容包括业务案例设计、战略项目及创意领导、团队组建、变化管理、与来自普华永道和其他公司的业务领导进入深入的探讨。

目前已经有来自19个国家超过60人参加了这一

项目。根据弗兰克·布朗提供的信息,"参加过本项目的员工,深切地感受到自己与公司和管理层是密不可分的。他们对自己的工作产生了更加强烈的责任感,对相关的业务问题也有了更深入的了解,他们还认识到自己的想法和贡献对公司能否取得成功有重要的作用,他们自己也因此得到了公司的认可。更重要的是,他们会将热情带给自己的同事"。

在项目开展后的两年半时间里,参加过"起源公园"项目的学员,累计保留率达到98%,而其他员工的年保留率只有75%。

# 最重要的利益,无论市场出现何种情况

公司会采取不同的方法提高员工的忠诚度——无论是广义的或狭义的、是长期的还是短期的。唯一的真理是,当员工们感受到自己被认可时,即使在公司面临困境的情况下,他们也会紧密地与公司站在一起。

约翰·A.查林杰认为:"公司没有理由不维护和(或者)重新树立自己在员工心中的形象。我们看到有很多公司能够渡过大规模裁员的难关,可无论离开的员工还是那些留下的员工都始终对企业抱有积极的态度。这主要归结于公司如何对待员工的问题。如果他们相信公司是公正和诚实的,他们就能忍受减小规模、薪金冻结、福利削减、没有奖金带来的痛苦。"

## 2. 人力资本与商业战略的密切结合 | 来自实践先驱者的观点

卡桑德拉·A. 弗兰戈斯

# 2. 人力资本与商业战略的密切结合
## ——来自实践先驱者的观点
### 卡桑德拉·A.弗兰戈斯

目前,人们已经明确地认为人力资本是价值创造的一个战略性资源,更确切地说,在今天这个知识经济时代里,人力资本已经被看做是公司最有价值的资产。作为人力资本的管理者,人力资源管理人员应该引导其发展,但大多数人力资源组织缺少人力资本的战略性规划,更糟糕的是,对于人力资本的说明和衡量也没有统一的方法。在全球平衡计分卡协会(BSCol)最近召开的一次会议上,人力资本基准测试之父杰克·菲茨-恩兹博士、平衡计分卡发明人之一(人力资本衡量与管理领域的开拓者)戴维·诺顿、人力资源管理学会(the Society of Human Resource Management)当时的首席执行官海伦·德里南就这些议题各自提出了主要观点。

# 衡量、跟踪
# 以及衡量人力资本的投资回报率

**杰克·菲茨-恩兹博士**

杰克·菲茨-恩兹博士的观点反映了越来越多杰出思想家的看法。他认为，只有当人力资源组织能够准确地说明人力资本在创造组织价值方面的作用，并证明其投资回报率时，人力资源组织才能充分发挥其潜能。人力资源实践者只有掌握了这些数据才能识别和分析业务行为和人力资本收益之间的关系。这种看法不是精于计算的人的想法，其实员工成本占公司总成本的比例已经超过了40%。除了此项成本以外，公司在培训、组织知识方面开发的投资也相当可观，我们还应注意到一个事实，产品生命周期和商业周期变得越来越短，而培训时间却没有变化，结果你会看到人员流动成本会迅速增长。

传统上，人力资源部门会根据自己的能力减少人力资源过程的成本，但很少关注结果。人力资源应与其他业务职能一样，拥有一套操作准则。然而大多数职能部门都缺少说明在创造价值过程中产生效果的准则。如财务系统通过报告利润和损失，让我们了解公司的运转情况，这是因为财务部门拥有一套对过程进行管理的基本方法。杰克·菲茨-恩兹博士列举了五种通用的方法来评估人力资源过程：人力资源管理的成本是多少？需要花费多长时间？取得了哪些成效？过程中出现了哪些错误和不足？此外，员工作出了什么样的反映（可以通过工作满意度调查了解）。这些标准都可以用于三个核心的人力资源实践中：获得人才（每次聘用的成本）、培养人才（每个学员需花费的成本）和保留人才（流动成本）。杰克·菲茨-恩兹博士还提倡，人力资源部门应该更加积极地参与组织的战略规划制定。如果人力资源部门的使命是改善公司运作——成为战略伙伴，那么人力资源工作人员就必须（用杰克·菲茨-恩兹博士的话来说）不能让"他们的思路停留在书面上，而应该放眼整个公司"。平衡计分卡能够建立一种通用的语言，其重点是证明人力资本对预期商业结果产出带来的影响。有效的管理人力资本会对组织实施战略规划带来不小的帮助。杰克·菲茨-恩兹博士表示："从企业层面开始，然后发展到业务部门和每个职能岗位，人力资本所创造的价值会逐渐显示出来。"衡量是平衡计分卡的原动力，而人力资本却是制定战略并最终获得成功的驱动因素。

# 衡量和管理人力资本：
# 参与战略制定

**戴维·P. 诺顿**

人力资源经理们一直以来始终关心这样一个问题,"我如何才能进入决策层?"咨询业的领先公司——肯尼迪信息公司（Kennedy Information）最近的一项研究发现,40%的人力资源经理已经应邀参加战略制定工作,而剩余的60%只能起被动的作用。[1] 戴维·P. 诺顿的结论是：人力资源经理们缺少专门技巧和工具来说明和衡量人力资本（平衡计分卡协会对人力资源经理进行的一项调查表明,大约有85%的组织不具备说明人力资本的正确方法）。如果不能衡量人力资源工作的战略性贡献,组织就无法将人力资本作为一项战略资产进行管理。因此,我们并不奇怪,为什么接受协会调查的半数以上公司表示没有将人力资本与战略联系到一起。

在这种情况下,平衡计分卡的出现提供了一个重要的工具,解决了这一挑战。戴维·P. 诺顿认为,人力资源部门和企业之间缺少联系是战略中普遍存在的模式。这种模式为人力资源专家提供了一个参考点,用来定义人力资本对组织战略的影响,同时也为组织的战略侧重点制订了发展计划。平衡计分卡正是将人力资源管理职务从外围参与者的角色转变为战略伙伴的"工具"。

平衡计分卡的四个观点中,有三个是基于时间测试管理模式:财务观点是基于杜邦的投资回报率模式(the Dupont ROI),客户观点是基于价值主张,内部观点是基于价值链。但是,学习和成长观点却由于包含了无形资产(如人力资本),因而缺少一个标准的管理框架。

人力资源方面的专业人士对于人力资本的重要组成部分(例如,领导力、技能)持有不同的观点。制定出一个共同的框架有利于标准化措施和基准的开发,同时也能在人力资源专业人士之间提供一种通用语言,能够更好地获得知识。

## 人力资源管理研究协会研究的新发现

### 人力资源专业的未来

**成绩突出的人力资源领导者……**

- 从公司的业务目标中,确定人力资源部门的任务。
- 关注几个战略性重点。
- 在人力资源的战略能力和价值创造(而不仅仅是

战术)能力方面,与首席执行官达成共识。

● 与普通员工保持联系,掌握提高员工奉献精神和业绩的动力。

● 将人力资源部门"客户服务"的形象("我应该做些什么才能满足今天的期望?")转变为"关注客户"的形象("在一段时间内,如何将人力资源职能引导到一个全新的方向?")。

● 增加员工的业务知识,财务和咨询技能。

**在未来10年内,人力资源会是怎样的?**

● 技术的采用将起到关键性的作用,技术不仅可以将人力资源部门从行政工作中解脱出来,而且还有助于合理使用员工信息。

● 借助技术的作用,人力资源部门将胜任更多的管理角色。

● 人力资源部门的规模可能会缩小,业务范围会更加集中,会对公司经营带来更大的影响。

● 如果人力资源部门不能胜任其战略角色,它将继续担任其原有角色——事务性的角色,由非人力资源专家领导这个部门的工作。

ⓒ摘自人力资源管理协会2001年报告(文本编辑考虑了间隔需要)

---

2001年,平衡计分卡协会组建了人力资源行动工

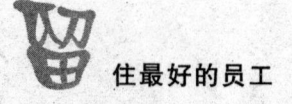

作组,这个组织由来自20多个领先企业的人力资源经理组成。他们共同合作,开发了这样一个框架。这个小组分析了经理认为与战略关系最密切的人力资本相关因素,最后确定了五个方面的因素:

- 战略技能/能力
- 领导力
- 文化和战略意识
- 战略协同
- 战略融合和学习

他们发现,起始点是设计一张战略地图,明确说明组织战略,然后定义人力资本与战略的联系。以战略为基础看待人力资本的观点提供了一种规范性的框架,可以指导衡量人力资本贡献的标准设计。利用这个框架可以作出"人力资本就绪报告",该报告就组织人力资本与组织战略需求的关系进行了概要介绍。报告首先论述了企业的战略需求,然后说明了如何通过一系列措施和项目来开发人力资本。人力资源方面的专业人士可以将这份报告作为一个交流工具,与其他资源相结合来证明人力资本投资的价值,这也是他们迫切需要解决的问题。报告提供了周期性回顾人力资源战略所面临的挑战和贡献的基础。从实际应用来看,这是一份进展报告。通过这项工作,可以在企业战略和人力资源之间架起一座桥梁,让人力资源部门参与到战略的制定工作中,保证人力资源部门成为一个真正的战略伙伴。人力资源部门目前的工作方向是改善人力资本的现状,从更广泛的角度看,也就是增强企业执行战略的能力。

## 新世纪的人力资源:
## 来自专家的观点

**海伦·G. 德里南**

技术进步、全球性竞争、工作外包和优秀人才减少带来的影响,要求组织建立一种新型人力资源领导水平——一种战略性领导水平。人力资源部门能迎接这个挑战吗?如何协调人力资源部门与首席执行官的工作重点呢?

美国约有 100 万人以人力资源专业人士的身份开展工作。对于那些有远见的人力资源专家来说,机会无处不在。但是,那些忽视技能、经验和技术的人力资源从业人员则只能完成最基本的人力资源战略目标,勉强维持生计。两种情况的产生都是因为对宏观经济环境和长期问题缺乏理解,而对这些问题的理解也是建立与企业目标相协调的人力资源战略所必需的步骤。今天,商业环境中全球性的竞争已经愈演愈烈,服务经济和知识经济在整体经济中所占的比例还在继续增加。因此,能够站在全球的高度,综合性地看待问题,已经显得十分重要了。

在最近的一项研究中,人力资源管理协会(SHRM)对某些关键问题进行了归纳:今天,人力资源领域最令人兴奋的工作是什么？什么样的技能水平和经验水平是成功的人力资源专业人士所必备的？在未来的10年内,人力资源人员面临的主要职业挑战是什么？人力资源专业是否还会如我们所知的那样继续存在？(见"人力资源管理协会研究的新发现,人力资源专业的未来")

劳动力问题已经在首席执行官的日程上占据了首要地位。人力资源管理协会的研究还显示,人们对人力资本的认识已经得到了普遍的提高,在公司的生存轨迹中,人是唯一真正的竞争优势,人力资源部门参与企业的战略决策已经成为不争的事实。问题是这项工作将由谁来完成,人力资源专业人士,还是其他的什么人？谁来实施人力资源战略？

不只是人力资源部门对人力资源问题感兴趣,更确切地说,更多地掌握有关人力资源管理方面的知识,已经成为首席执行官必备的基本技能之一。人力资源管理协会在最近一次会议上开展的研究表明,客户忠诚度和人才竞争已经成为首席执行官面临的两大主要挑战。[2] 人力资源管理协会的研究揭示了人力资源领域的紧迫问题:成为战略伙伴、采用新技术、管理人才、识别和发展员工与公司品牌之间的关系、处理兼并、收购和业务重组中的问题、降低成本。表一形象地说明了首席执行官和人力资源挑战之间的关系。

表一：人力资源职业未来的研究

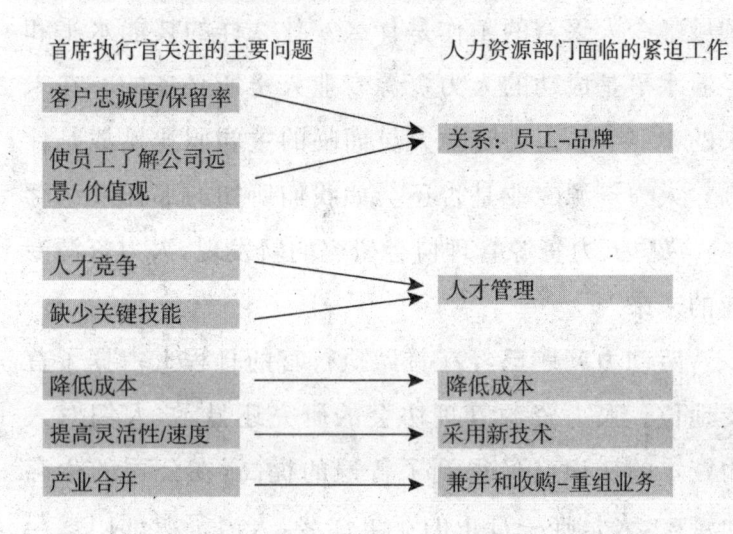

| 首席执行官关注的主要问题 | 人力资源部门面临的紧迫工作 |
|---|---|
| 客户忠诚度/保留率<br>使员工了解公司远景/价值观 | 关系：员工-品牌 |
| 人才竞争<br>缺少关键技能 | 人才管理 |
| 降低成本 | 降低成本 |
| 提高灵活性/速度 | 采用新技术 |
| 产业合并 | 兼并和收购-重组业务 |

首席执行官关注的重点，与人力资源部门面临挑战的关系不言而喻，这为人力资源部门提供了重大的机遇。

这些"最具吸引力"的工作为人力资源职业提供了重大的机会。在这里顺便提一句，你看到了人力资源语言吗，你只看到了商业语言。

那么，出色的人力资源经理应该具备哪些特征呢？除了其他任务以外，他们应该从企业的商业目标出发，制定自己的日程。他们应与全体员工保持接触，采取"以客户为中心"，而不是"为客户服务"的思维方式，集中处理几个战略性重点问题。

# 人力资源的未来与
# 企业战略之间的联系

越来越多的人力资源专家,如布赖恩·贝克尔(Brian Becker)、马克·休斯利德(Mark Huselid)、戴维·乌尔里克(David Ulrich)、史蒂夫·柯恩(Steve Kirn)和约翰·布德罗(John Boudreau)等,正在从量和质(行为)两个方面寻找措施和体系,以便更好地协调人力资源战略与商业战略的关系。杰克·菲茨-恩兹博士以一种"从人力资源出发"的观点来看待人力资源过程并说明人力资本的附加价值。平衡计分卡提供了一个管理和衡量人力资本的框架,也为人力资源部门提供了一种进行综合性战略规划的方法。戴维·诺顿也提出了一种"进入战略"的观点来衡量和管理人力资本。

同时,已经有越来越多的组织成功地通过平衡计分卡将人力资本管理与人力资源战略融为一体。在奥尔特拉保健中心(Alterra Health Care),能够理解公司战略的员工数量已经从原来的20%上升为现在的80%。希尔顿酒店集团提高了客户满意度和岗位信任忠诚度,集团还向员工发售公司的股票。冠城国际(Crown Castle International)将人力资源职能转变为人力资本伙伴。英格苏尔兰德公司（Ingersoll Rand）利用平衡计分卡彻底改变了战略管理系统，将人力资源部门转变为主要的部门，排在公司程序的第一位，并对组织重新进行了调整。

人力资本是战略重点，这点已经十分清楚，目前需要解决的问题是如何对其进行管理。如果这些积极的研究能够获得新的进展，我们可以预测在不久的将来，就能够看到更多人力资源管理专家参与到企业的战略决策制定工作中。

## 注 释

1. 人力资本市场：对人力资源咨询人员的影响（肯尼迪信息，2001年12月）
2. CEO面临的挑战：首要的市场和管理问题（美国经济咨商会，2001年1月）

## 参 考 阅 读

The ROI of Human Capital: Measuring the Economic Value of Employee Performance by Jac Fitz-enz (2000, AMACOM)

"Measuring the Contribution of Human Capital," (Balanced Scorecard Review, Jul-Aug 2001), and

"Managing the Development of Human Capital," (*Balanced Scorecard Review*, Sept-Oct 2001), both by David P. Norton

"Alterra Health Care's Fast Track to Results" by Janice Koch (*Balanced Scorecard Review*, Nov-Dec 2001)

## 3. 留住员工　经理们该做什么

# 3. 留住员工
## ——经理们该做什么

今天,劳动力市场的竞争异常激烈,这种情况至少产生了一个有益的影响,那就是经理们开始关心一名优秀员工离开公司时带来的成本问题。其中包括:

**直接费用**,包括新员工的招聘、面试和培训的直接成本(在当今的市场上,与离职人员相比,新员工可能要求更高的薪金,还不包括签约奖金)。

**间接成本**,诸如对工作量、士气和客户满意度的影响。其他员工是否也在考虑辞职?客户是否会随员工一起流失?

**机会成本**,包括知识损失,工作无法及时完成,经理和其他员工不得不将精力放在如何填补缺口并尽快让新员工适应工作节奏上。

总而言之,专家们预测,启用新员工的成本会是离职者年薪的两倍。有关员工保留的一本新书的合著者沙伦·乔丹-埃文斯感叹道:"向高级经理出示这些费用,他们一定会窒息!他们一定会说,'我们应该做些什么来留住这些人,并且应该由谁来负责这项工作呢?'"

## 经理的职责

过去,行业经理一般会认为他们不应对此负责。员工们辞职是因为他们不喜欢现在的公司,或者是他们找到了更好的工作。他们离开的原因或许是到一座新城市去陪伴他们的配偶。经理们最常见的反应是耸耸肩,然后问"下一步,你打算做些什么?"如果辞职人数不多,有很多接替人选,那么这种情况不会造成太多的问题。

今天,人们辞职除了那些陈旧的理由以外,还有许多新的原因。他们辞职后会开办自己的公司,或者会加入新兴的网络公司。猎头公司会给他们打电话,竞争对手为他们提供了丰厚的"聘用金"。最近几个月里,大多数劳动力市场都呈现出严峻的形势,雇员们可以轻易地离开现有公司,因为他们感觉到可以尝试一些新鲜事物,或者是有人在诱惑他们。

但无论这些原因是如何的相似,一定有另外的原因才让员工会考虑到辞职。

一个导致员工考虑辞职的重要因素(现在已经很明显)就是某些老板没有做到应该做的,因此也就不能留住员工。

英特格雷夫培训系统公司（ITS）员工保留方面的专家 B. 林恩·韦尔（B. Lynn Ware）和布鲁斯·弗恩（Bruce Fern）表示："我们的研究始终证明了这样一个事实，在影响员工贡献水平和保留率方面，经理们起到了关键性的作用。"

## 当心离职的早期预兆

你的员工中是否有些人正在考虑离开？英特格雷夫培训系统公司是保留员工方面的专业咨询服务公司，其奠基人 B. 林恩·韦尔建议他的客户留意观察产生不满和不平的早期迹象，这些迹象包括：

- 行为上的改变，如上班迟到或早退。
- 业绩下滑。
- 原来不喜欢抱怨的人突然发起了牢骚。
- 提到其他公司时，充满了向往。（"如'我听说他进入网络公司时得到了 30 000 美元的签约金'"）提到辞职的雇员时，充满了羡慕之情。如果一名经理或组织中一个重要同事离开，我们最常见的情形就是多米诺骨牌效应，他们的离开可以认为是一个导火索。
- 其他人会纷纷效仿并辞职。"某人参加了会议，也可能自愿承担额外的项目,现在他们已经完成了足够的工作,可以离开了。"

● 讨论有关"职业倦怠"的话题

如果已经察觉到了早期预兆,你该怎么做呢?韦尔的建议是马上安排与这些员工的私人会晤。向他们说明你观察到的问题,了解在抱怨行为的背后是否有更深刻的担忧。然后告诉这些员工,你非常器重他们,请他们帮助改变目前的现状。你可以说:"我的确希望看到,你能够获得比目前更好的工作经历。我们能够解决这些问题,你认为怎么样?"

关键的一点是解决问题,而不是躲避问题。韦尔认为提出问题时不必感到不安。

---

与此类似,盖洛普咨询公司(the Gallup Organization)几年内对来自400家公司的80 000经理人进行了研究,结果表明,在员工保留问题上,与适用于全公司的政策(如报酬和奖金)相比,雇员与其直接上司的关系更为重要。在分析研究成果的论著中,马库斯·白金汉(Marcus Buckingham)和柯特·科夫曼(Curt Coffman)写道:"如果一名雇员加入迪斯尼、通用或时代华纳公司,他可能是受到这些公司优厚的福利政策的吸引,或被这些公司重视员工的声誉所折服。但与直接经理的关系却会最终决定他留在公司多长时间……"

## 人才保留管理：清单

那么，经理们应该做些什么，来尽量留住那些优秀的员工呢？方法有很多种，但我们可以将其归纳为三个大类：

### 创造一种良好的工作环境

经理们普遍认为，公司政策和企业文化决定了工作环境。因此，他们就在这个范围内行事。但是，政策可以规避或改变，最后，与整个公司文化相比，一个部门或事业部的气氛对员工个人来说就会更显重要。你的事业部采取的措施是否与以下情况类似？

**不允许性情古怪的人加入。**与乔丹-埃文斯合著新书《爱他们，要不就失去他们》（$Love\ 'Em\ or\ Lose\ 'Em$）的作者贝弗利·凯认为："人们很容易变成一个不合群的人。""不合群的人从来不说'谢谢'。他们也不会说'你的孩子怎么样了，我听说他生病了'这类的话。他们是那些砰地摔门或把坏情绪带到办公室的人。"

很容易就能分辨出不合群的人，因为没人愿意和他们接触。"我并不想诋毁我的老板。"一个名叫沙伦（Sharon）的年轻 MBA 告诉盖洛普研究员，"但我不知道为什么，我进入这个团队时，共有13名成员，而一年以后，除了我以外其他人都走了。"乔丹-埃文斯的结论是：有其他选择的人不愿意与性格怪异的人一起工作。

**友好的关系。**是古怪的相反面吗？普通人具有的美德（如礼貌和尊重）、承认工作场合是社交场合加上对员工感兴趣的经理，就会产生一种吸引人的氛围。一位家具零售店的雇员告诉凯和乔丹-埃文斯："让我这么多年留在公司的是一件非常简单的事，每周五，我们都会一起到当地的一家俱乐部去，总经理也会参加，'各位，你们这个星期过得怎么样？'他会用这句问候开始整个聚会，大部分情况下我们会一吐为快。但更令人惊奇的是，他真的对我们的话非常感兴趣。聚会后，我们都会度过一个轻松愉快的周末。"

## 如何对待业绩表现不佳的员工？

对大多数经理来说，让任何一个人离开都是很困难的一件事。劳动力市场出现严峻局面时，困难会更大，因为你知道找到新的接替者可能需要花费几个月的时间。但是，员工保留专家并不提倡留住某人只是为了不让岗位出现空缺。来自西伯森公司（Sibson & Co.）的员工业绩和奖励专家格里·莱德福（Gerry Ledford）认为："如果业绩不佳的员工数量过多，会出现士气低落的恶性循环,他们会阻碍机会的出现。因为他们表现不良,而这会影响整个公司的业绩。"

莱德福认为,最好能够找出业绩表现不佳的员工,并制订一个行动计划,为他们提供一个机会提高业绩,如果还不能生效,就迅速采取行动。"帮助他们找到新的职位;为他们提供相当慷慨的辞职政策。"公司这样做是最好的,如果辞职的雇员能够找到一份更适合他们的工作——而在这些天里他得到了很好的机会——他会愿意这样做的。

## 你的员工具有怎样的奉献精神?

想一想是否所有员工都是在公司辛苦而快乐地工作着呢?如果他们的工作状态只是达到了全国平均水平,那就算不了什么。哈德逊研究所和华克资讯(Hudson Institute and Walker Information)1999年对2 000名员工进行的一项调查表明:

33%即1/3员工具有"高风险",也就是说他们不忠于现有的企业,没有打算在未来两年内继续留在公司。

39%即2/5员工属于"易受诱惑的类型",他们不忠诚于现有组织,但目前还没有计划在未来两年内离职。

只有24%或者1/4员工属于"真正忠诚"的类型，他们忠于组织并打算至少在未来两年内继续留任。

资料来源：哈德逊研究所/华克资讯，"职场忠诚度：1999年员工关系报告基准分析"

宾夕法尼亚大学沃顿商学院（the University of Pennsylania's Wharton School）的彼得·卡佩利（Peter Cappelli）教授专门从事员工保留方面的研究，他提倡构建一种更加精致的社会群体。他发表于《哈佛商业评论》的文章中写道："对公司的忠诚可以消失，但对同事的忠诚却不会消失。"因此，有些公司[如英格解决方案公司（Ingage Solutions）]通过创造高尔夫联盟、投资俱乐部和垒球队，极大地降低了手机软件工程师（这些人最喜欢跳槽）的流动率。卡佩利指出："在这种情况下，离开公司就意味着离开由公司赞助的活动所构成的社会关系网。"

**信息共享。**有关业务、财务表现、战略和规划方面的自由分发信息能够使员工感觉你信任他们，你尊敬他们理解这些信息的能力，并且与他们一起为公司作出贡献。凯和乔丹-埃文斯认为，你的组织也许不是一本完全打开的书。但是，你自己却可以将掌握的企业战略方向和内部工作与他们分享。更重要的是，如果你听说了一件人们关心的事件（如一位主要经理辞职的消息），可以现在就告诉你的员工，而不是以后再说。

### 创造有意义的工作

根据卡佩利的观察，联合包裹公司（United Parcel Service）重组了交货工作，司机（他们的知识和技能是公司取得成功的关键）不再负责单调乏味的装车任务。保诚集团（Prudential）开展了一个实验性的项目，鼓励经理们按照员工的个人兴趣定制每个人的工作。但是，没有必要提议在全公司开始重新定义员工工作范围的工作。经理可以采取以下方法：

**允许自治。**许多人喜欢工作时受到最低程度的监督。让一个团队按照自己的设想，负责开发一个新市场或解决一个业务问题。划出一个业务单位，让组内的成员按照自己的方式工作。哈特福德人寿保险公司（Hartford Life）人力资源高级副总裁安·德雷斯梅斯（Ann De Raismes）指出："我们是年金业务领域排名第一的公司，这项业务是由一个小组开发并完成的，公司给了他们最大限度的自由和自治权。创造这种环境对公司来讲是非常重要的。"

**让员工有活动的空间。**人们喜欢接受挑战，希望他们的老板信任他们，与自己的希望相比，老板总让他们承担更大责任。麦肯锡公司（McKinsey & Co.）在

1998年的报告"人才战争"中提出这样的建议：在员工还没有准备好时，就让他们承担某些工作。哈特福德人寿保险公司的德雷斯梅斯同意这种观点。她说："我们给员工提供扩展性的任务，有时是在他们还没有准备好之前。但是，如果你真的相信自己的下属，并且向他们提供适当的支持，他们就会有正确的态度，我相信十次机会中会有九次，员工们会共同努力并取得成功。平均12～18个月公司60%的主管经理就会接受一项新任务。你必须这样做才能留住人才。"

### 让他们离开，但又把他们留在公司

汤姆森公司（Thomson Corp.）拥有40 000名员工，负责员工保留和招聘的副总裁莉萨·邓拉普（Lisa Dunlap）表示："在我们的组织内，的确有许多聪明的员工，他们非常有才能，很容易成为其他公司招募的对象。"邓拉普希望这些人能够了解公司内部每个可以利用的机会，这样，那些想要换工作的人还会留在汤姆森。

方法：汤姆森职业中心（Thomson Career Center）提供网上工作发布服务，每个月提供800～1 000个机会。员工可以在公司设置"个人检索代理"，以电子方式通知他们可能感兴趣的工作。系统还有一系列"职业路线图",为员工们管理自己的职业提供指导。邓拉普通过"电子明信片,办公室里的海报,CD光盘,员工工作指南手册和人力资源专业人员使用指南手册",让员工们知道新中心的存在。整个系统目前平均每月有5 400人次访问。

**灵活性。**西瑞汀公司(Ceridian)员工服务中心去年进行的一次调查表明,聪明的经理人已经从经验中学到:在保留员工方面,灵活的工作安排"非常成功"。西瑞汀公司的受访者中有近2/3的人认为,真正的团队、灵活的工作计划和远程工作,对于大幅度提高保留率非常有效。当然,并不是每位经理都有权力进行全新的工作安排。但是,几乎每个人都可以拥有一定的临时灵活性。例如,允许员工重新安排工作,以照顾生病的孩子,或按约定时间去看病。今天的社会每个人都有许多事需要应付,因此某种程度上的灵活性会受到员工的极大欢迎。

## 人才保留的第一步:

### 关注最热门的话题

提高人才保留率最重要的一点就是精心设计招聘职位,吸收那些你看好的人和最适合你公司的人。最成功的职位设计都具有"面面俱到"的性质，至少在四个方面具有吸引力：

**薪金**。杰伊·舒斯特（Jay Schuster）和帕特里夏·津海姆（Patricia Zingheim）福利咨询公司的两个负责人建议，提供工作岗位时，应说明工作的全部报酬。全部报酬包括底薪、奖金、各种形式的股权和不同福利。将这些项目全部列出，让求职者了解你愿意花多大成本聘用他。

**个人发展**。职业成长和个人发展几乎对所有的求职者来讲，都是十分重要的。因此，一定要创造时机，让他们了解到晋升的机会以及公司提供的培训和发展计划。CDR 国际有限公司是一家公司文化问题的专业咨询公司，来自这家公司的戴维·多特利希（David Dotlich）认为："应该让求职者了解哪些人在你的公司位列前茅，哪些人在公司里取得了成功。"每当有公司需要的人才来访时，美国在线（American Online）就为其分派一名"全天陪同"的员工。生物技术行业最大的安进公司（Amgen），在候选人进行现场参观时，安排他们与不同的员工结伴进餐。

**工作生活**。向他们介绍公司的工作生活和内部环境特点，诸如文化和工作氛围，以及外部因素，如社区、娱乐机会和学校系统。传统方式的现场参观是了解工作生活最有效的方式，现在公司一般会为有希望的候选人提供两三次访问，有时还会邀请他们的全家一起参观。发展迅速的电信设备供应商泰乐公司（Tellabs）邀请主要候选人和他们的家人在附近的芝加哥度周末，这样他们就可以亲身体验"多风城"的魅力。在洛杉矶也发生着同样的事件，安进公司让候选人与新聘用的员工接触。安进公司人力统筹总监托马斯·赫顿解释说："每个人都可以和其他人单独进行交谈，夫妻可以和其他夫妻交谈。这样他们就可以了解那些刚进入公司的人对公司的最新看法。"

**公司的未来。**每个人都想为赢家工作。公司的声誉、价值观和愿景、过去的历史和对未来的计划，所有这一切都会成为吸引求职者的因素。公司应该按照候选人最想了解的内容，提供参观内容。对于生物制药业的应聘人员，安进公司向他们突出展示了公司在安全性和资源方面的领先优势。那些熟悉制药业的员工，对于年轻进取的公司，他们会注重企业的各个方面。

最后，应该找出每个候选人的兴趣点。美国在线高级人力资源总监兰德尔·德根（Ranel Durgan）指出："现在这个时代，普通的面试过程和报酬方案已经过时，招聘时，我们同时在推销公司和评估候选人的需要，并把每个候选人作为一个个案来对待。"美国在线的招聘人员，在与候选人直接接触前就已经着手了解他们了。在考虑招聘过程前，他们会通过客观的销售电话了解与预期候选人有关的所有事件。德根建议：

"无论是公平性、职业轨迹或灵活性,都会与某种魄力联系在一起。解释机会,直击热点问题,然后吸引他们。"

## 早提问,经常提问

良好的工作环境和有意义的工作,其实是个观念问题,对某些人来说是挑战,而对其他人来说可能是灾难。因此,如果你不提问,就不可能知道你的工作成绩如何。

**不要等到辞职会谈**。公司一般会询问辞职的员工他们离职的原因。韦尔和弗恩强调:"辞职面谈只会涉及产生摩擦原因的表面。"例如,员工们可能会告诉你新工作吸引他们的一面(比如更多的收入),而不会解释他们第一眼看到的(这些事可能与福利没有丝毫关系)。

不要等,现在就开始对话。沙伦·乔丹-埃文斯建议:"每次只邀请一位员工进行面对面的交流,对他们说'你对我来说很重要,我想知道如何才能留住你'。"多问些问题,如:"什么样的事情能够留住你?你希望有什么样的机会,希望得到怎样的发展?"等,有时需要注意一下交谈的方式,避免受访者给出这样的回答:我希望加薪,这也正是经理们害怕的。据我们所知(我们的研究也显示）其实问题不在于薪金多少。人们即使拿到更多的钱，但他们依然会离开，因为缺少了许多比金钱更重要的事。

**获得有关工作环境的反馈。** 除了解个人目标以外，还要向员工了解他们是否喜欢在你的部门工作。他们是感觉融入团队中还是被排斥在外？他们是否有改变的建议？哈特福德人寿公司在新员工进入公司六个月后，就开始了这一过程——通过正式的会谈了解他们对公司的看法。员工发展总监佩姬·霍尔特曼（Peggy Holtman）承认："几年来，我们根据反馈意见作出了一些调整。公司加强了学费退还项目，在标准方面进行了修改，在福利方案上作了一些改动，你可以根据员工的意见在公司进行一些改革。"

**了解员工对自己的看法。** 员工会离开"坏老板"，但是我们中间有谁愿意承认自己是令人讨厌的老板呢？这就是360度评估项目的意义。麦肯锡报告中指出："艾睿电子公司（Arrow Electronics）采用了360度反馈系统，由首席执行官史蒂夫·科夫曼（Steve Coffman）亲自监督，确定经理们是否真的提供了反馈意见并进行了指导。"

如果公司还没有360度评估项目，员工们也没有集体辞职，你可能还不会意识到自己的弱点。当然，很难对经理的业绩进行公正的评价，下属们可能不愿意面对面提出批评，尤其是对他们的老板。一个很好的方法是：直接向自己的下属解释，你真的希望他们对你的工作业绩进行公正的评估，你已经邀请一个可依赖的第三方（可以是人力资源部门的工作人员）和他们进行面谈。让他们相信你会听取并关注他们的批评，但你并不知道这些批评的来源。

尽管你已经竭尽全力，有些人还是会离开。彼得·卡佩利的建议是：你无法阻止市场的趋势，也不可能阻碍下属免受充满诱惑的机会和强有力的招聘单位的吸引。但是，你可以影响多少人离开和离开的时间。在建设优秀组织的过程中，你做的工作越好，那些你希望保留的人才就会流失的越少。

## 参考阅读

*Love 'Em or Lose'Em : Getting Good People to Stay* by Beverly Kaye and Sharon Jordan-Evans（1999，Berrett-Koehler Publishers）

*First , Break All the Rules : What the World's Greatest Managers Do Differently* by Marcus Buckingham and Curt Coffman（1999，Simon & Schuster）

"A Market-Driven Approach to Retaining Talent ," by Peter Cappelli（*Harvard Business Review*, January-February 2000）

# 4. 如何留住核心员工

爱德华·普鲁伊特

# 4. 如何留住核心员工
## 爱德华·普鲁伊特

最近,管理界倾注了大量的精力来研究留住员工的策略。但是这些策略并不奏效。凯普纳-特里戈顾问公司(Kepner-Tregoe)最近开展的一项调查表明,人才流动问题正在恶化,而不是出现好转。参加调查的1 290名经理和员工中,近2/3的人表示,他们的组织过去三年里流动率实际上出现了上升的趋势,虽然公司已经采取了各种应对措施来遏制这种势头。

当然,经理们希望有些人能自动辞职。但是,如果那些业绩表现优秀的员工(即完成了80%的工作任务,在员工总数中占20%的人员)开始辞职时,会出现什么情景?纽约经济咨商会人力资源研究高级项目经理布赖恩·哈克特(Brian Hackett)表示:"留住人才已经成为当今首要的议题。"接受凯普纳-特里戈顾问调查的大部分受访者承认,失去工作表现优良的员工后,公司的竞争优势会受挫,会导致产品和客户服务方面的质量下降。

*在赛普拉斯半导体公司，首席执行官罗杰斯制定了一套正规的程序，应对优秀员工辞职的问题。*

当然，公司不会让那些抢手的员工轻易流向就业形势大好的市场。根据新书《聘用和保留优秀员工》(Finding and Keeping Great Employees)的作者吉姆·哈里斯(Jim Harris)和琼·布兰尼克(Joan Brannick)的总结，目前广泛采用的提高保留率的政策包括签约金和留职金、股票选购权、慷慨和灵活的福利待遇、广泛的培训项目甚至自由出差津贴和帮助优秀员工的配偶找工作。但是哪些政策奏效，哪些没有效果呢？最近一份结合了不同公司观点的第三方研究表明，尽管这几年劳动力市场出现了不利于企业的严峻形势，但还是能留住最优秀人才的，这一点使我们从中能得出一些启发。

## 报酬："不是最重要的"因素

最大的人力资源顾问公司海氏集团(Hay Group)最近公布了一项调查结果，本次调查的人员由来自300多家公司的50多万员工组成。这项调查比较了"忠诚"员工(即那些表示将会继续留在现有组织五年以上

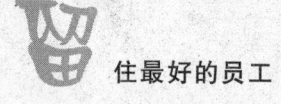

的员工)和那些打算在一年内辞职的员工的满意度。海氏芝加哥办公室的副总裁兼总经理戴维·A.霍夫里克特(Davide A Hofrichter)表示,在整个调查涉及的50多个因素中,薪金不是最重要的一个。这是一个重要的发现,因为很多人认为薪金是排在第一位的。接受调查的人说:"我们需要签约金,也需要大幅度的加薪,我们需要公平。公司应该提供一切……但是当环境变好时,人们也愿意为报酬少的公司工作。"

其他研究结果也支持这些结论。在凯普纳-特里戈进行的一项调查中,2/3的受访经理和员工表示,他们的组织已经通过加薪和提供其他财务奖励等方法来阻止员工的流动。但是,多数人认为钱并不是构成工作表现优秀员工辞职的主要原因。吉姆·哈里斯和琼·布兰尼克研究了数十家员工流动率低的公司,最终得出这样的结论:对于绝大多数员工来说,报酬并不是最主要的推动力。

在美国SAS软件研究所(SAS Institute)23年的历史上,员工流动率首次奇迹般低于5%,而整个行业的流动率平均值为20%。这家公司支付有竞争力的薪金,但从不提供大额奖金和股票选购权。SAS是一家私人控股公司,人力资源副总裁戴维·拉索(David Russo)表示:"我不相信福利,无论是直接的还是间接的,是人们工作和让他们留下的主要原因。我们的看法是,尽管钱很重要,而人们真正需要的却是被认可和一个令他们为之自豪的公司。如果工作环境很糟糕，报酬只能从某种程度上阻止人们离开的脚步。"

强调工资会对公司会产生不利的影响，赛普拉斯半导体公司的首席执行官T.J.罗杰斯(T.J. Rodgers)会定期提高优秀员工的薪金待遇，以防止竞争公司抢走他们。但罗杰斯承认："如果你将薪金作为唯一的措施，事实上你只会聚积一批为钱而工作的人，他们会为了钱跳槽到你的公司，但当其他公司提供更多钱时，他们很快就会离开你。"

## 一个重点：把握机遇

海氏总结出保留员工的所有因素中最重要的一个方面，就是把握机会学习新技能。产生不满情绪的员工（那些打算在一年内跳槽的员工）一般会说："我现在的工作不允许我学习和使用新技能。我在这儿得不到发展。"根据戴维·A.霍夫里克特的观点，成功的公司已经熟知了这一点。西诺佛金融集团（Synovus Financial Corp.）的人员流动率为12%，仅为行业平均值的一半，集团人力资源高级副总裁迈克·克罗克桑（Mike Croxson）表示："我们尝试着鼓励员工不要过于注重报酬，而应该追求更多的责任和学习机会。所以高级经理中很少有自愿辞职的现象。"

### 其他观点：你是否需要从根本上关注那些优秀员工？

在关注"优秀"员工的背后，有这样一种假设，即某些员工非常重要，应该单独列出。海氏集团的戴维 A.霍夫里克特指出，对许多经理来讲，这是一种非常困难的假设。因为组织需要心安理得地接受这样一个概念，即他们必须区别对待表现优秀的员工，因为这些人为公司作出了最大的贡献。凯普纳-特里戈的研究表明，"保留率领先"的公司已经克服了诸如此类的不适应。凯普纳-特里戈的报告指出："保留率领先的公司不需要时刻提醒自己，他们的'优秀员工'确定了公司基调并承担了其他员工的工作。"

但是，一些来自低流动率公司的主管人员却认为，优秀员工体系会产生相反的作用。理由是：划分出业绩优秀的员工会加快他们辞职的速度，同时也会疏远其他员工。西诺佛金融集团的迈克·克罗克桑认为，如果你告诉我，我是一名业绩优秀的员工（十里挑一的人才），我就会把这个消息告诉猎头公司。美国SAS软件研究所的戴维·拉索表示："我们尽量避免划分明星员工和受追捧的人，虽然我们的员工都具有卓越的才能。"

反对的核心理由就是对团队的关注应超过对个人

的关注。西诺佛和SAS（分别位列《财富》杂志评选的100家最受员工欢迎公司的第一位和第三位），也赞成类似的公司理念，戴维·拉索解释说："我们的工作是培养领导能力，而不是管理。我们并不评选明星员工，因为我们认为这样对公司没有帮助。"西诺佛采用平衡计分卡来评估和指导经理们的行动。迈克·克罗克桑表示："平衡计分卡会告诉经理们，'你的工作就是让自己的所有下属取得成功。'我们花了很大的力气，创造了能够反映成功意义内涵的系统——'忘记你自己，关注整个团队'。"

在这种环境中，划分出团队成员无疑会与基本规则产生冲突。迈克·克罗克桑认为："你不能制定一个潜力很大的战略，而同时却不相信每个人都有很高的潜力。我不能说，'我们是一家潜力很大的公司'，然后看着两个员工说，'你具有较高的潜力，而你却没什么潜能'。团队里的每个人都很聪明，他们会看到区别。"

## 反馈——尤其是针对优秀员工

海氏发现的另外一个重要因素，是来自管理人员的指导和反馈。戴维·A.霍夫里克特认为："这是件非常有趣的事件，因为我们发现得到反馈意见最少的是那些业绩表现优秀的员工,他们的经理认为他们不需要反馈意见,不用提供反馈意见,因为这些人的工作已经完成得非常好。"具有讽刺意味的是,工作表现优秀的员工却是对听取反馈意见最感兴趣的人。他们对自己的未来想法很多,他们会考虑自己的职业轨迹,如果得不到反馈意见,他们会认为公司不关心他们。哈里斯和布兰尼克在他们的研究中总结了八个留住员工的有效措施,他们认为最好的办法就是让员工处于循环中,把业绩表现优秀的员工推到满腹牢骚、士气低落、忙着找工作的人群里,最快速的方法就是把他们排除在公司的信息循环之外。

## 坏老板

美国经济咨商会的哈克特表示:"人们不会离开公司,他们一般只离开坏老板。"这也是业务下滑的原因。你也许提供了一项优惠的学费返还计划,并及时制订了其他计划,但如果一名经理不能很好地对待他的直接下属,那么其他的努力都会白白浪费掉。在凯普纳-特里戈的调查中,16％的受访者认为与老板的冲突是表现优秀员工离开公司三个最常见的理由之一。如何应对坏老板问题?凯普纳-特里戈公司罗列了一份名为"阶梯式解决冲突方法"的清单,其中包括七种做法,它们可以帮助公司有效地留住员工。保留率领先公司的一个普遍做法,就是提供合理的选择渠道,如果有必要,可以让员工们绕过他们的直接上司解决问题。以摩托罗拉(Motorola)和斯蒂尔凯斯公司(Steelcase)为例,它们允许员工绕过所有的层次,直接向高级主管反映自己的委屈。

在赛普拉斯半导体公司,首席执行官罗杰斯制定了一套正规的程序,以应对优秀员工的辞职。在最极端的情况下,他们可以和罗杰斯进行面对面的交谈。罗杰斯表示:"如果你是这家公司一个高层经理,而你想找我的麻烦,最好的办法是让那些起重要作用的人离开,别让我有机会和他们交谈。"罗杰斯就自己的成功补充道,他会花一半的时间改变员工的想法。

罗杰斯取得了成功,他认为公司的价值,已经越来越多地取决于人才,社会资本和资源已经随手可及,我们不会再受这些因素的限制,目前的重点已经转变为员工问题。

## 参考阅读

*Avoiding the Brain Drain: What Companies Are Doing to Lock in Their Talent*(1999, Kepner-Tregoe, Inc.)

*The 1998-99 Hay Employee Attitudes Study*(1998,

The Hay Group)

*Finding and Keeping Great Employees* by Jim Harris and Joan Brannick (1999, AMACOM)

## 5. 员工愿意为你工作吗?

洛伦·加里

## 5. 员工愿意为你工作吗?

洛伦·加里

　　多公司都知道这样一个事实,当求职者将自己公司作为候选就职公司时,会改进公司的获利能力。因此,最近几年,无论是在为保持公司竞争优势而展开的物色优秀人才的招聘工作中,还是为留住现有员工并让他们全身心地投入工作而进行的保留工作中,许多公司都投入了相当大的精力。

　　但是,咨询专家南希·阿尔里奇斯(Nancy Ahlrichs)过去七年对被选择的企业进行的研究表明:"我研究的许多组织依然存在差距,尽管它们已经制定了策略希望能够成为求职者的选择对象。它们无法吸引和留住那些最具价值的员工。"南希·阿尔里奇斯认为,导致这种差距的原因是公司作为候选雇主的声誉,这与公司里每个经理的表现密不可分。

　　不断有研究支持这种观点。员工与上司的关系在很大程度上决定了他对公司的看法。如果一名经理在下属眼中能够超越公司的远景和工作重点,采取一种积极的态度,真正关心员工的成长,那么员工对公司的忠诚度就会大幅度提高。另一方面,员工辞职的主要原因是他们无法与自己的上司融洽相处。

总而言之,南希·阿尔里奇斯在自己的著作《选择管理者:培养优秀人才的五项能力》(*Manager of Choice: Five competencies for Cultivating Top Talent*)中总结道:如果一家公司没有贯穿整个组织的备选管理者(MOCs)忠实地履行人才管理中的最佳方案,也就不可能成为员工选择的对象(EOC)。

南希·阿尔里奇斯表示:"只有在管理能力上取得量的飞跃后,我们才能在新业务过程中取得巨大的业绩。"那么,应该如何做才能成为一个 MOC?雇员在选择工作和老板时,他们心目中的经理是什么样的呢?根据南希·阿尔里奇斯的观点,尽管管理者的教育背景和技术能力起到一定的作用,但重要的却是对人的管理技能,激发员工自愿作出努力的能力,无论是多花时间与客户沟通还是进行额外的电话访问。多付出总能达到一定的效果,但这需要建立一种关系,在这种关系中经理们应该超越项目和预算管理,掌握更多的东西并付诸实施。

南希·阿尔里奇斯认为具有这种能力的 MOCs,在以下五项技能方面达到超过常规的水平:

1. 挖掘人才
2. 建立关系

3. 建立信任

4. 培养技能

5. 树立企业品牌

下面内容将介绍如何提高这五项能力,在这些领域已经被公认能够熟练应用这些技能的经理们,还会提供他们的见解。

## 挖掘人才

德勤华永会计师事务所的经理比尔·巴格利(Bill Bagley),管理着公司在两个区域的人力资源工作。他认为:"当我们看到有研究预测2008年可用劳动力将比现在下降15%时,我们对此非常关心。"有关劳动力数量减少的预测给了经理们最重要的提示——就是要在合适的位置安排合适的人选。只要你有能力让优秀人才进入公司,当机会来临时,你就可以帮助提升自己公司的竞争力,同时还可以帮助你保留团队里的其他员工。新人才的引入可以帮助避免"知识僵化",一个团队一起工作太长时间就会产生这个问题。

### 确信自己的面试能力

已经磨炼得
如其他技术能力一样娴熟。

  南希·阿尔里奇斯认为，把最优秀的人才放到合适的位置时，你必须认识到一点，那就是候选人的全部工作经验（对于你的组织来讲）超过了其他的竞争人选，你不能再消极地将选拔和聘用程序中的每项工作都交给公司的人力资源部门。只有与人力资源部门进行密切的合作，为相关岗位挑选的最终人选所具备的能力才有可能大大超过必须的技术能力和经验。百得检索公司（B&D）首席执行官史蒂夫·凯拉姆（Steve Kellam）同时担任百得律师事务所的人力资源顾问，他认为在选拔过程中，从候选人中识别出哪些人具有完成出色业绩的态度和人际交往能力，远比评估其以前的工作经验更为重要。

  南希·阿尔里奇斯提醒我们，千万不能抱着这样一种态度——"我看见他时，就知道他是不是合适的人选"。相反，你必须确认自己的面试技巧已经磨炼得和其他技能一样熟练。在作出决定时，最主要的能力是能够为某一特定的岗位找到最合适的人选。与人力资源部门一起合作，针对你需要配备人员的职位，确定五至七个对取得成功最重要的能力。如果在这些岗位已经有业绩表现出色的员工，可以和他们进行单独的交流，以确定他们看重的其他能力，并将这些能力列入你的清单中。

## 建立关系

睿仕管理顾问公司（Right Management Consultants）的高级副总裁兼总经理杰克·罗伯逊（Jack Robertson）表示："尽管许多公司在挖掘人才方面做了许多工作，但是据我所知，没有几个组织能在为这些入选人才适应组织方面提供帮助。还有一种趋势表明了类似'我们聘用你是因为你有能力完成工作——为什么我们还需要让你适应呢？'这样的态度"

诸如此类的看法，揭示了一个普遍存在的管理盲点：尽管许多经理同意，自己在帮助员工发展专业技能方面具有重要作用，而这些专业技能是技术能力中最难以获得的技能，但许多人没有注意到，在帮助员工发展"知道是谁"方面，经理们还需要提高。

> 如果你赢得了员工的信任，他们更可能在艰难时期与你站在一起。

南希·阿尔里奇斯指出，有一个练习可以帮助我们开展这项工作，那就是让你的下属对工作场所存在的四种关系进行评级,这些关系包括:他们与你(上司)的关系,他们与同事的多重关系,他们与一个或其他几个部门的关系,他们与社会(包括客户、供应商、政府机构和专业组织)的关系。一旦你了解了自己下属的强势和弱点,就可以设计方案以帮助他们提高。

当然,方案应该适合每个人的不同需要。史蒂夫·凯拉姆表示:"不同的人会对不同的管理和沟通风格给予回应。因此,不要按照自己的想法对待员工,而应该按照他们希望的方式对待他们。"确定哪些方法能够达到最好效果的办法只有一个,那就是保持定期沟通。

艾伦·希克斯(Allan Hicks)表示:"我在医疗卫生领域工作了46年,我的关系发展项目源自会谈,我会每六个月与员工们进行一次会谈。即便在领导一家拥有1 000张病床的医院时,我还是会举行30～40人参加的会议,让每个人都有机会了解我的想法,讨论医院最近取得的成绩以及我们对未来六个月的计划,然后让他们发表自己的想法,提出他们关心的问题。"

史蒂夫·凯拉姆认为,只有经常就人们担心的问题进行讨论,才能帮助人们克服不适感。他坚持这样一种观点,即直接下属在每次面对面的会谈中,都应该准备一页纸的备忘录来说明自己目前的目标,上次会面之后他完成了哪些工作,有哪些困难需要史蒂夫·凯拉姆帮助解决,而史蒂夫·凯拉姆本人也需要准备一份类似的备忘录。

# 建 立 信 任

理想工作企业协会（the Great Place to Work Institute）进行的调查表明，希望打造高诚信度的部门经理，应关注以下几个方面的问题：

- 可信性：确保自己的沟通是公开且随时可以进行。证明自己具有资源协调方面的能力，能够真正实现公司的远景。
- 尊重：在相关决策上与员工合作。对下属的努力表示感谢（无论何时都不能将他们的成就占为己有），支持他们的专业发展，关心他们的个人生活。
- 公平：在聘用和提拔中避免偏袒。确保提供申诉渠道，让那些认为自己受到不公正待遇的员工能够发表自己的看法。
- 自豪感：表示你对团队工作的敬意、对公司产品和公司在社会中地位的尊重。
- 友情：做你自己，这样你的下属也会采取类似的态度。培养一种团队认同感。

具有这些特征的经理，将为下属创造成长和发展的机会视为自己的责任。睿仕管理顾问公司的杰克·

罗伯逊回忆起以前的一位上司是如何训练他的,他从第一天起就让杰克·罗伯逊承担他当时职务以外的三项工作。杰克·罗伯逊认为:"他委派给我的有时就是很简单的一些事,例如让我参加一个高出我级别的会议,通过这种方式,提高我在会上面对议题和挑战的适应能力。最幸运的体验是你可以为信任自己的人工作,他给你足够的自由让你成长。你不会让这样的老板失望的。"

如果你赢得了员工的信任,在艰难时期他们就很有可能和你站在一起。当艾伦·希克斯看到医院一个部门的能力出现下滑时,他会撤换整个团队。在医疗人员中建立的信任允许他这么做。即使他们不希望这样做,但这些医疗人员了解必须采取这样的措施。

## 培训技能

杰克·罗伯逊认为:"你或者拥有 20 年的经验,或者可以在一年内重复 20 次以具有同样的经验。如果不持续完善自己的技能,就会失去这些高难度的能力。"

顾问南希·阿尔里奇斯的建议是:"让企业维持到今天为止可用的技能比较容易,但他们还需要增加新的技能,应该在自己的团队里进行技能培训。"建立一个学习任务小组,负责确定组织成员需要掌握的技能、行为和知识，以便更好地完成他们的工作，满足团队的目标。通过不同方式（如媒体会议、午餐会、学习研讨会、讨论小组）建立一个部门图书馆，收集专业杂志和网站上的研究成果，收集简要的工作信息，进行交叉培训练习，提供方便、模块化和负担得起的学习机会。阿尔里奇斯写到："每天抽出20～30分钟学习就能保证全部成员都能取得成就。"

她补充说，仅有连续学习还不够。你必须鼓励员工进行连续教学。教学可以帮助员工巩固刚刚获得的知识，但更重要的是可以帮助他们提高传授知识的能力，而组织已经越来越依赖这项能力。

## 树立企业品牌

在自己下属的心目中增强企业的形象在人才保留工作中占有首要地位，原因何在呢？韬睿咨询公司（Tower Perrin）2001年进行的一项调查表明，来自美国和加拿大大中型公司的6 000名受访者中有56%表示，他们正在积极寻找工作或尝试接受另外一份工作。更严重的是，睿仕管理顾问公司进行的一项调查显示，直到雇员在一家公司任职六年以后，他们才会稳定下来。也就是说前五年他们希望留在企业中的愿望普遍低于进入企业的第一年。只有到了第七年，留下的愿望才可能超过第一年的水平。转化：只有不断地再招聘你的现有员工，你才可以战胜其他公司挖走他们的努力。

　　切记要赞扬自己的每位员工。每个人的工作对完成公司的战略目标都很重要。阿尔里奇斯认为，应确保让员工们了解，组织一直在努力让自己成为所有员工最好的工作选择。针对公司慈善行为的研究表明，如果公司的慈善努力给员工们留下了很好的印象，他们留下来的愿望会提高五倍。

## 第二部分 激励员工

激励最有才干的员工是留住员工的主要方法，能为企业创造巨大的财富。本部分的几篇文章介绍了激励优秀员工的主要技巧。例如，绩效评估提供了极好的机会，在绩效评估会议上不但可以表扬员工良好的业绩，同时他们还可以对工作环境发表意见，并讨论关注的问题。指导是一个互动的过程，在这个过程中，你可以帮助员工规划和实现他们的职业理想。因此，指导也是一个有力的激励方法。

本部分还介绍了不同以往的认可和奖励的指导方法，以激励优秀员工。对员工的工作任务重新界定（尤其是鼓励员工完成日益复杂的任务）同样可以激发员工的积极性，提高工作效率。

## 1. 谁的工作令员工满意?

安杰利亚·赫林

# 1. 谁的工作令员工满意？

安杰利亚·赫林

尽管有关管理方面的著作为想要有效评估员工绩效的经理提供了大量的建议，但这并不是老生常谈。在利用评估会议来制定明确的期望和目标的同时，也不要忘了借此机会表扬工作出色的员工，真心诚意地听取员工所关注的问题。

虽然经理们的初衷很好，但为什么许多调查仍然发现员工们牢骚满腹呢？例如，韬睿咨询公司最近对来自1 004家公司的1 100名员工进行了一项调查，结果表明，有1/3员工的工作态度消极，经常感觉筋疲力尽和困惑，在工作中得不到帮助。

咨询家贝弗利·凯认为这种脱节现象的确存在。但并不是因为经理的评估工作没有做好。而是员工没有在绩效评估会议上提出自己的要求。

贝弗利·凯认为评估方法偏离了轨道，因为太多的员工不善于总结自己所关注的问题并提出修改意见，从而无法制定一个方案来满足自己的要求。她认为在评估过程中应该重视沟通技巧。

她表示这些技巧在人才短缺的情况下尤为重要,有的员工觉得没有出路,他所能采取的最简单的办法就是"辞职":他们失去工作热情,工作效率下降,甚至把不满情绪带到工作当中,这样不仅使自己甚至同事都感到很痛苦。

贝弗利·凯和沙伦·乔丹共同撰写了《爱它,就不要离开它:26种实现职业期望的方法》(*Love It, Don't Leave It:26 Ways to Get What You Want at Work*)一书,她说:"许多公司开展了员工调查,将结果交给人力资源部门和经理们,然后只会说,'就是这样,请处理一下,'而不会对员工说,'我们已了解你们的不满,现在主要是由你们自己来解决这些问题。'"

"工作满意度是双向的。不仅与领导者和经理有关,也与员工的积极性和努力密切相关。"

贝弗利·凯是为财富500强公司提供员工保留意见的咨询专家,她最近采访了400名换工作的员工,了解他们离开原来企业的真正原因。然后把原因告诉这些员工的前任上司。"几乎每个人听后都会说,'为什么他们不告诉我呢?我一点也不知道;如果知道,我就会有办法应对。'我相信明智的企业在评估过程中应使用两本指南手册,而不是一本。"

## 你们到底想要什么？

贝弗利·凯认为如果员工想在工作中得到满足，不要指望经理们能主动给你，也不要让他们猜你的要求，因为他们总会猜错，即使是出于好意。

贝弗利·凯认为员工在评估会议上要清楚地表达自己的要求和怎样才能满足这些要求：是调换工作、进行培训、批准休假，还是要求老板改变自己的行为。

贝弗利·凯说："最大的错误是没有充分准备所要提出的问题，应把它看作是对自己的一次采访，我的梦想是什么？有哪些计划？想说什么？想说给谁听？"

贝弗利·凯提出，经理们要让员工知道，与其一味抱怨说"我不满意"，还不如提出一套解决方案更能得到回应。"别忘了，经理们一天到晚都在听'要解决这个，要解决那个'，其实员工的目标不仅是提出问题，还要提出解决问题的方法。"

随着评估时间的临近，经理们总以为员工只会问工资和晋升的问题，其实员工真正需要的是别人的承认和尊重。员工也总觉得自己只能问与工资有关的问题。

**员工向老板提出要求时，**

## 要明确指出：
## 对老板有什么好处？

在员工研讨会上，贝弗利·凯了解到要求加薪比得到赏识更容易。这是因为薪金是可以量化的，相比之下，认可、尊严和尊重更加模糊和抽象。她认为最好的方法就是——列出在工作中想得到什么样的赏识。

"假如对你的评价是工作表现很好，但在一年的大部分时间里，你却受到忽视和冷落。那么你应让老板对你的工作给予一些反馈意见。"如果这不是他的风格，就告诉他你每月想与他坐下来谈一谈，并让他明确指出最近你很好地完成了哪些工作。换句话说，让他知道你需要及时的反馈，而不是等到半年后才作出回应。

贝弗利·凯说："你应让老板说具体一点。不要只满足于听到'你工作表现很好'的回应，你要让他明确地告诉你，究竟是哪项工作你完成得很好。"

另一方面，如果老板的行为有失身份或很无礼，你说具体点将更为重要。"你不能只说一句，'你这样做影响不好'，你也要提及具体的事情，比如'当你在我的团队面前批评我时，会影响我与他们有效合作的能力。'"

## 提 出 方 案

员工调查一再表明员工对工作感到困惑,认为经理们对他们的发展没有进行投资。贝弗利·凯认为员工需要具体一些,弄清是否有所需的发展任务或培训计划,这样的任务或计划如何为他们所期望的工作作准备。这就意味着在评估前作一些研究以确定培训机会和相应的费用。她建议,如果员工想换工作,应为这个转变和找到接替人选制定一个方案。

贝弗利·凯认为,员工除了要在评估前制定一个周密详尽的修改方案,还要记着准备若干个可供选择的方案,以实现自己的目标。

贝弗利·凯说:"最大的错误是仅提出要求,而没有拿出解决方法。反之,如果直截了当地说,'这是我的问题,我有三种解决办法。'这样,你就给了上司很大的空间。"

"你表示已完成作业,但同时你让老板在清单上布置更多的作业。如果你只走进来说,'我想晋升,'那你就把上司推到了墙角。"对员工提出的要求作出回应要比回应经过深思熟虑的选择难得多。

# 达成交易

贝弗利·凯认为所有员工在提出要求时,最简单却最容易忽视的一方面就是明确指出:对上司有什么好处?

比如,员工可以说明接受交叉培训及课程后,如何使上司和部门工作得更有效率。你还可以列举出商业案例,来说明这种改变会满足当前哪种商业需要?这将如何给企业增值并有助于实现企业目标?贝弗利·凯说:"你还可以说明同上级增进交流或晋升到更具战略意义的工作岗位对企业的发展有什么好处。"

员工应让老板了解满足员工需求的障碍是什么——是人力、预算问题还是时效因素,并随时提出解决方案。

"你也许很清楚提出要求后会出现什么样的障碍,这也是你之前没有提出这个要求的原因,"贝弗利·凯说:"但是,如果你已经花了很多时间考虑这些问题,你也该想出一些解决方法来。"

## 2. 优秀经理管理员工的方法

保罗·米歇尔曼

## 2. 优秀经理管理员工的方法

保罗·米歇尔曼

柯特·科夫曼（Curt Coffman）是全球实践领导，他在盖洛普公司（The Gallup Organization）负责员工和客户忠诚度的调查工作，他说："能够使企业保持强劲持续的经营业绩的原因，在于那些在每个关键时刻能够打破传统管理方法的优秀经理。"

优秀经理的决定性贡献是什么呢？答案是他们能提高员工敬业度。盖洛普公司的研究表明，美国只有28%的员工能积极投入工作或为企业实现最佳业绩而努力，盖洛普研究表明这对企业赢利能够产生直接影响。员工的忠诚度会带来客户的忠诚，而忠实客户数量的与日俱增会进一步推动企业的发展，实现长期的利润增长和股票增值。

优秀的经理不仅能留住有价值的员工，而且通过提高忠诚度能够获得员工全部价值。他们有何过人之处呢？科夫曼曾与马库斯·白金汉共同撰写了《首先，打破一切常规：世界顶级管理者的成功秘诀》（First，

Break All the Rules：What the World's Greatest Managers Do Differently）一书，他认为答案就是这些经理在员工甄选、目标设定、员工激励和员工发展这四个重要环节中都摒弃了传统的管理理念。

## 员工甄选

多数经理根据职责需要来选择员工，但优秀的经理则根据才干来选择员工。柯特·科夫曼把才干定义为一种思想、感觉、行为模式的再现形式，并说明具有相同技能的员工，经过相同的培训后所产生的结果不同。柯特·科夫曼注意到，有天赋的人很多，但天赋与工作相匹配的人才却是稀缺而珍贵的。

柯特·科夫曼提到，想想表现出色的客服代表有何不同。在一家企业里所有的客服代表都接受相同的培训，但最好的代表比业绩平平的代表少打1/3的电话就可以解决相同的投诉。为什么呢？因为他们把电话当作与顾客拉近距离的工具，他们能想象出顾客的样子和所在的地方。即使顾客看不见他们在做什么，他们也会微笑和点头。实际上，天生的沟通能力使他们能够妥善地处理好与顾客的关系。

优秀的经理不会聘用与已有工作方法相匹配的人才，而是善于使用那些具有创新工作能力的人才。

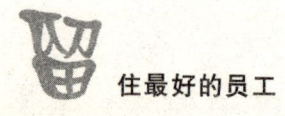

## 目标设定

传统管理理念认为,经理应该详细说明员工完成某项任务的具体步骤。而优秀经理通过制订企业目标来发挥每个员工的才干。例如,虽然优秀的经理通常不会告诉员工具体步骤,但在准确度或安全方面,或当公司及行业标准有问题时,他们会指出明确的方向。即使到了那个时候,他们也不会让员工把注意力放在这些步骤上,而是放在目标上。他们还会更强调结果,即目标的实现。

## 员工激励

传统的管理者认为:"任何人只要想做到,就能做到。"于是经理们往往只停留在寻找和纠正员工的缺点上。在评估和制订发展计划时,就只关注消极的一面,只强调把一个人改变成另外的样子。

与此相反,优秀的经理善于鼓励下属发展特长,以进一步发挥他们的才干,同时寻找改进他们弱点的方法。其中关键是明确如何更好地利用员工的优势。

# 员工发展

传统的经理总是"因人设事",把员工先分等级,再分配他承担某项职务;优秀的经理则是"因事设人",按照职务的要求,精心选配那些适合的人来承担,他们认识到每个人的不同之处,然后加以区别对待,这样更有利于员工的未来发展。

多数企业把晋升看成发展的自然轨迹。但这永远是正确的途径吗?柯特·科夫曼说,不一定,因为在一份工作上的成功并不一定代表在另一份工作上也能取得成功。

想想有多少被认为优秀的客户代表在被提升为销售经理后因拙于销售而惨遭失败。销售能力与管理能力截然不同。此外,晋升使表现出色的销售人员离开了他一直为企业创造极大价值的职位。

优秀的经理在人员使用上追求职责和能力相匹配,他们努力确保奖励有出色表现的员工,并尽力保证员工在应对充满更多挑战和有意义的工作中增强自己的才干。

## 3. 指导员工之道

玛莎·克劳默

# 3. 指导员工之道

玛莎·克劳默

假设从明天起,你将带领一支金融服务开发团队。你的任务就是创造一系列被大家认可的产品的新的销售方法,而这些产品已经拥有长久而成功的销售纪录。你已经了解这个团队,而且团队中大多数人是你需要的人,因为他们精明能干、极富创造力、头脑灵活并且精力充沛。

加入团队时间最长的人——弗兰克(Frank)却很例外。他很招人喜欢——也许是因为与众不同吧。他看上去并没有与生俱来的创造力。弗兰克对其他成员向他提出的每个新想法的典型反应就是质疑,他怀疑公众是否真的需要另一种方式来买50年来一直都很畅销的东西。但是他对待错误十分谨慎认真,团队依靠他来提供研究和背景报告,而别人要花比他更多的时间来提供这些资料。

在你还没有带领这个团队的时候,企业已经形成了一个评估和奖励办法,按照提出的新产品推销办法的数量来奖赏团队。毫无疑问,弗兰克会拉团队后腿。如果你找不到使弗兰克发挥才能的方法,团队其余的成员就会对他产生不满。该怎样将弗兰克变成一个有创造力的人呢?他已经开始有所防备了,他知道这种新型的评估方法最终会使他的弱点暴露无遗。

这不是你能使弗兰克摆脱困境的问题。弗兰克的弱点是缺乏创造力。因此你不能把缺乏创造力的员工强行变成有创造力的人。但你也许能对他进行指导,让他工作更有效率或担任团队中的其他角色。

在过去的五年里,通过管理人员的指导方法迅速发展所积累的新见解对当今的经理有着实际意义。让我们看看专家的哪些建议能够适用在弗兰克身上。

管理指导通过表示你对员工的尊重和重视来充分发挥他们的能力。PTM集团(PTM Group)的绩效指导和领导人斯坦·赫斯特德(Stan Hustad)解释道:"好的指导要避免操控和强迫,指导应该正确而且可行。"

## 相互信任并相互尊重

管理人员指导兼《指导:激发他人的优点》(*Coaching: Evoking Excellence in Others*)一书的作者詹姆斯·弗莱厄蒂(James Flaherty)认为,成功的指导关系有三个相互依赖的因素：信任、尊重和言论自由。要做到这点，应确保言行一致。不要告诉别人你与员工之间的秘密。信守承诺，诚实、客观和公正。记住，你不一定非要喜欢某人，才能与他建立互相信任和尊重的关系。

## 询问员工是否需要给予指导

不必介意你的上司身份。通过询问员工是否需要给他们反馈来表示你对员工的关心和尊重。只要简单地问一句："我可以提几个建议吗？"或"你们愿意接受另一种不同的解决方法吗？"实际上，这表示你愿意与员工分享你的权力和控制力，也减少了员工的抵触情绪。

## 重新考虑业绩目标

在一般的绩效评估中，经理们强调员工应该设法弥补弱点。目的是培养全面发展的员工。珍妮弗·怀特（Jennifer White）在她的新书《使员工狂野，但不要使他们发疯》（*Drive Your People Wild Without Driving Them Crazy*）中讲到："如果你将他们的优点和本应创造真正价值的技能丢在一边,然后让他们集中精力改正缺点。那么,你创建的将是一支毫无生机的团队,每个人看起来都一样,行动也没有差别。这样就无法使团队具有创造力和创新力。"一个更好的方法也许是忽视缺点,用鼓励来发挥他们的一技之长。珍妮弗·怀特建议指导者应该寻找员工最擅长的工作领域,并提供机会,产生真正的影响。好的指导者应寻求用人之长的方法。如果这个人在某个关键领域工作很出色,你还真在乎他的办公桌凌乱不堪、生活没有条理或性格内向吗?

## 把"缺点"视为优点

与其纠正员工的缺点,不如试着把它当做优点的另一侧面。例如,你认为"窝囊"的一个人,很多情况下可能会对别人过于敏感,但这种特点在销售、客户服务和咨询方面却是非常重要的。

---

### 指导技巧

为了从指导工作获得最大收益,请温习以下关键技巧:

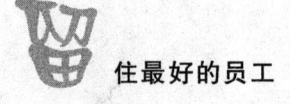

**准备工作。**即使你的指导是非正式的,也不要临时准备。至少要回顾一下打算谈及哪些问题,你将如何对待你的团队成员,你的问题以及建议采取哪些后续措施。每个指导互动过程都是一次机会,不要轻易放过每一次沟通的机会。

**观察和评估。**注意你的员工是如何与别人合作和互动的。他们对其他成员或总体目标有何影响?不要主观判断或假设,寻找途径来检测和验证你的观察方法。

**质疑。**开放式的问题提供了大家参与和交流意见的机会。提出"将会怎样?"的问题,有助于员工探讨方法和从另外一个角度看问题。封闭式的问题(那些要回答是、否或简短作答的问题)需要理解和对关注问题给予回应。

**倾听。**认真的倾听可以让员工敞开心扉,坦诚交流。把工作放一边,关注你面前的这个人。尽量创造一个轻松、融洽的氛围,避免打断对方或加快对话节奏。注意非语言的暗示和肢体语言,有助于使你体会言外之意。

**反馈。**如上所说,在给予反馈前请求员工的同意。你应该直接问:"我可以提个建议吗?"表示你尊重他们,理解他们。在给出反馈时,内容尽量客观和详细。注意具体的行为和后果,并且绝不能个人化。务必认可和评价积极的行为和成绩,而不仅仅是负面的。

**后续工作。**指导在双方都作出承诺时是最有效的。双方共同努力达成一个行动计划,并安排后续的会议来评估发展。斯坦·赫斯特德建议提出诸如:"我们将如何开始?","何时完成?","我可以让你负责这件事吗?"这样的问题,表明如果员工需要支持和解答问题的话,你一定会有空,然后确保你现在有空。

# 不要放弃客观性

仔细观察和评估对有效和公平的指导是至关重要的。你应该对具体的事例给予反馈,而非含糊或大概的印象。詹姆斯·弗莱厄蒂建议指导人要扪心自问:"评估是以任何有能力的观察者所作的客观评估为基础的吗?指导人能否列举出观察的具体事情?"在解决问题之前,要确定你已有足够把握得出准确的结论。如果有必要,应和其他可信赖的同事核对你的评估。

## 完全投入指导

无论在非正式的会面还是正式的绩效评估中,你都应集中全部精力关注评估对象。斯坦·赫斯特德指出:"许多经理习惯同时进行多项工作或同时处理几个项目,他们通常没有意识到自己显得多么心不在焉或完全不投入。"不要浏览文件,查看邮件,想高尔夫球比赛或想你中午吃什么。看着你的员工,而不是电脑屏幕。主动地倾听,不仅留意他们说的话,也要留意员工的情绪和未说出口的信息。

## 培养员工自治的能力

除了设法提高绩效以外,好的指导者培养员工对自我的了解和发展。目标是培养每个人自我意识和自我认知的能力,从而逐渐培养成自我纠错的能力。詹姆斯·弗莱厄蒂解释道:"好的指导者能够使受指导的人观察到自己何时表现好,何时不好,且不需指导就可以进行一切所需的调整。"换句话说,最好的指导者旨在让自己变得不再被需要。

优秀的指导者了解如果他们集中精力使员工发挥

最大潜能,就会取得不错的结果。这是什么原因呢?因为那些受到重视和尊重的人会留下,回报给你爱、忠诚和努力的工作。他们愿意承担额外的责任,因为你花费了时间帮助他们从工作和生活中得到更多。珍妮弗·怀特说:"要让他们知道你是信任他们的指导者。然后后退一步,拭目以待。"

当遇到弗兰克,你该怎么做呢?首先,你要得到他的同意来建立指导关系,然后你要建立彼此的信任。先寻找可以指导的时刻。他也许会严阵以待;他早就知道他没有其他人那样有创造力。直接一点也许最好。你们可以在一次不太成功的集体讨论会议后开始。在他同意你给予指导后,不要立即开始,而是告诉他过几天,在两人能够有效率地交谈且事件尚记忆犹新的时候开始指导。

在指导开始时,你可以先谈谈他的长处,以建立一些信任。他是一名优秀的研究员,而且善于唱反调。也许你可以提出他的一个唱反调的意见——这一意见被团队的其他成员认为是创造力的障碍——利用这一意见开展团队新一轮的集体讨论(比如你可以说:"等一下,弗兰克对法律上障碍的担忧不无道理。我们怎样才能解决这些问题,还能制定所有新方案?弗兰克,你可以创建与消费者行为有关的法律判决纪录吗?")

或者你可以把弗兰克这两个优点放在一起,让他给团队的其他成员提供每个新领域产品开发的成败的历史纪录。这样可以使其他成员集中精力于自己擅长的特殊领域,且工作更有效率。(比如你可以说:"弗兰克,你说过用这种人口统计方法进行的网上选项从没有成功过。从历史纪录看,哪些服务已成功了呢?")这样,弗兰克将不知不觉地就变得有创造力。

把他的角色重新定义为团队的历史学家,你甚至可以按照不同的方法来衡量他的工作能力。让他去研究和撰写整个产品开发过程的报告,其中包含不同团队的任务。这样,团队其余的成员就能集中精力进行创造性的工作。至少,团队中的每个人都会清楚,他所做的事情的确为整个团队作出了贡献。

最后,寻找让弗兰克监督自己行为的方法。比如,如果你只让他在第一次集体讨论结束后,才提出反对意见,他就会开始意识到自己在团队中并非扮演敌对的角色,而且这样也提高了工作效率。

## 参 考 阅 读

*Coaching*:*Evoking Excellence in Others* by James Flaherty(1999,Butterworth-Heinemann)

*Drive Your People Wild Without Driving Them Crazy* by Jennifer White(2001,Capstone Publishing)

# 4. 赏识和奖励员工的方法 采访鲍勃·纳尔逊

# 4. 赏识和奖励员工的方法

## ——采访鲍勃·纳尔逊

当前经济形势下,认可员工对企业的贡献比以往任何时候更加重要。在《哈佛管理前沿》(*Harvard Management Update*)里,畅销书作家兼员工激励专家鲍勃·纳尔逊提供了开展有效赏识的技巧。鲍勃·纳尔逊曾在联邦快递公司(FedEx)、时代华纳(Time Warner)和IBM就职。

**为什么经理给予的非正式认可如此重要?**

经理给予的非正式认可很重要,因为它让人感到很特别。而通常在公司里,每位员工都会获得相同的东西,如工作五年颁发的奖章,员工往往没有什么特别的感觉。为了达到效果,认可需来自我们十分尊重的那些人,如经理。

## 什么是作出有效的非正式认可所必需的呢?

时机的选择很重要。你对员工的工作表现肯定的越早,他们得到的信息就越清晰,这样就更可能重复期望中的业绩。

意外的认可效果最佳。公司将在周五发给员工面包圈,在他们生日那天送上卡片,突然之间,员工就会以为你这样做是理所应当的。如果你做这些事仅仅是出于好意,员工就不会期待更多。因此,根据期待的行为和业绩偶尔给予认可,他们会更加珍惜认可,你也会得到更好的结果。

此外,你必须保持认可的新鲜度、相关性和真诚度。如果重复使用,就起不到太好的促进作用。

## 员工最认可哪些赏识方式呢?

我在网上进行了一项调查,提供了52项选择。其中,员工最为看重的因素是"管理者的支持和参与",其中包括征求员工意见,让他们参与决策权,给予他们自行处理工作的权力,出错时给予支持等等。其他重要因素包括灵活的工作时间、学习和发展机会、经理可用的时间和时机。

员工还需要基本的表扬。在 10 大因素中有四种表扬方式：个人表扬、书面表扬、公开表彰和通过电子邮件表扬。这些对于员工来说是最受欢迎的，不花一分钱就能办到。

## 如何在特定环境下选择表扬方式？

请考虑如下因素：

● 媒介的实用性：你有几次真的与员工面对面沟通呢？你是从远处管理他，还是与他网络联系？你是否找机会进行公开表扬，如定期召开员工会议？

● 员工偏好：你知道员工喜欢哪种表扬方式，跟她谈过此事吗？比如，一个性格内向的员工更喜欢书面或电子邮件的表扬，而不是公开表扬。

● 经理舒适感：你最乐于使用哪种表扬方式呢？如果觉得面对面表扬比较尴尬，你也许不会这样做，即使应该这样做。如果公开讲话你感觉很不舒服，最好避免公开表扬，转而进行比较真诚的私人赞赏。

## 在经济萧条时期，给予认可时有没有特别要考虑的问题呢？

有。在最应该给予认可的时候，我们往往给予得最少。比如，你过去常常给团队 250 美元的奖励，但由于现在经济萧条,你付不出 250 美元,你就不再给团队奖励了。我觉得你应该继续。比如说:"虽然我们不得不减少财政方面的开支,但这并没有降低团队工作的价值,尤其在现在的情况下更是如此。"在我们面临极大的困难时,仅仅一句支持或赏识的话语,或是组织一次团队午餐庆祝取得的成绩,都能产生很好的效果。

## 参 考 阅 读

*Make Their Day! Employee Recognition That Works* by Cindy Ventrice (2003, Berrett-Koehler)

*The Magic of Employee Recognition: 10 Proven Tactics from CalPERS and Disney* by Dee Hansford (2003, Worldat-Work)

*Other People's Habits: How to Use Positive Reinforcement to Bring Out the Best in People Around You* by Aubrey C. Daniels (2000, McGraw-Hill)

## 5. 授权范围管理

艾伦·伦道夫

# 5. 授权范围管理

艾伦·伦道夫

经营最好的企业打败竞争对手的方法通常是将职责和所有权转变成内部控制。而传统的管理模式则是外部控制：一些人制定员工职务、目标和行为，而另一些人将对员工的工作表现进行评估。新模式可以叫做内部控制：员工对自己的工作负责。问题在于大多数经理和员工不知道怎样转换，他们通常害怕尝试。经理们担心失去控制。员工则害怕对工作失误负责任。

但这是可以做到的。成功转变为内部控制依靠的是经理们有效地限定范围，即限定员工的工作范围。其中有四个关键因素：

### 把限定范围看成橡皮筋

在传统企业里，限定范围规定员工不允许做什么。

这样的范围和铁丝网一样,目的是控制员工。但是限定范围又可以看成橡皮筋,可以灵活拉伸来加深员工的主人翁意识。比如,在一家澳大利亚制造公司,车间层面的团队工作范围最初被限定得很窄。他们只允许对不太复杂的任务作出决定,如安全、储存和质量检测等。当他们累积了足够的经验以后,团队就可以承担更多复杂的任务,如选择操作方法、分配日常工作和联系外部客户等。员工发挥了更大的积极性,创造了更好的业绩。

## 密切监督转变过程

转变为内部控制的过程很巧妙,常常无法预测。有时,经理还没预料到,团队就已经为更大的限定范围作好准备,经理抓住拓宽限定范围的机会很重要。让我们看看美国配送公司的经历,公司大幅度削减预算的例子。如果某些有自主工作经验的团队成员把预算总额削减4%。他们在这个限定范围里会提出大量的建议,比如削减夜间货运量。但同时他们也会提出许多增加收益的办法,比如与客户签合同,以保证收到货物,并了解顾客是否还需要其他货物。为了取得员工的信赖,经理们也应对扩大限定范围作出积极的响应。

## 期待挫折

第三个关键因素很有趣,看上去自相矛盾:在面临挫折时,员工通常会比他们能意识到的更有责任感。明智的方法就是对员工取得的进步给予表扬,并逐渐拓宽授权的范围。员工想承担更多的责任,但他们常常害怕这样做。通过逐渐扩大限定范围,你可以让他们了解到你相信他们能够接受挑战。比如,一个从事公用事业公司的管理层为解决士气下降的问题,要求员工们为自己所在的团队制订业绩改进目标,并为之而努力。团队起初很排斥,几乎提不出任何建议。但是团队领导人坚定不移,肯定每个零星的建议,并鼓励员工提出更多的建议。慢慢地,员工提出的建议越来越多。最后,团队的一项关于零件回收的建议使公司在不到3个月的时间里节约了100 000美元。

## 限定内容

最终,范围的不断扩大意味着外部限定范围好像消失了。其实员工们心里自有尺度。但是有效的内部控制要建立在明确的价值、观点和方向的基础上,设定这些因素就是管理的工作。比如,美国中西部的一家食品公司取消了传统的企业职能,如人事部门、财务部门和工程部门,把这些工作都交给了不同的团队。但是,公司管理层成功地建立一套价值观和具有战略意义的优先项目,因此团队能在这个范围内作出预算决策,并解决问题。团队对结果负责,而团队成员对自己作出的贡献负责。

你的企业能实现这种自治吗?当然可以。只要你愿意通过扩大限定范围而放弃控制并愿意冒险的话,这四个关键因素将使你的员工迸发出能量。

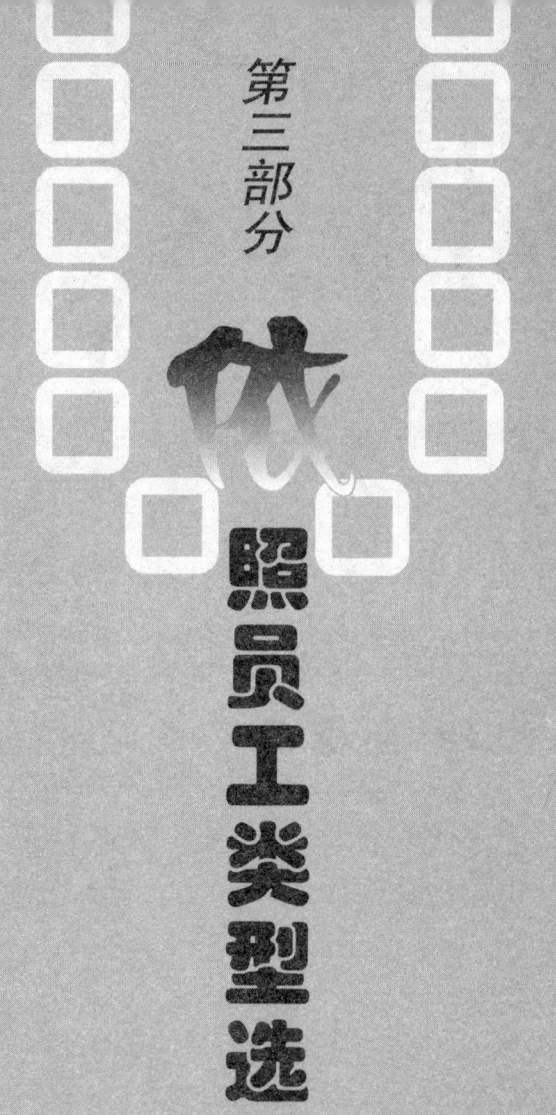

## 第三部分 依照员工类型选用特定的技巧

不同的员工群体（经理、女性员工、年长员工、年轻员工）会表现出各自不同的价值观，在作出职业选择时，他们侧重的兴趣点也会有所不同。你应该了解他们的价值，赢得这些群体里最优秀人才的忠诚，然后有针对性地采用保留和聘用策略。

下面的文章将告诉你如何做到这点。比如，为了留住最好的经理，注意并迅速解决职业倦怠引起的症状。这种潜伏的情况在过度劳累的经理间尤为普遍。如果有才华的女性员工碰到晋升的阻力，为了转变"人才外流"的情况，就要确保女性员工参与到重要的商业互动过程中——比如非正式的商业关系网、指导关系和与客户沟通。下面的文章还解释了怎样留住年长的员工（这些员工可靠，工作效率高）和较年轻的员工（许多人能够提供全新的观点，具有企业家精神）。

# 1. 在严峻的就业形势下，留住优秀经理的关键因素

玛丽·金德伦

# 1. 在严峻的就业形势下，留住优秀经理的关键因素

玛丽·金德伦

最近的劳动力市场研究总结出了这样一个结论：对于经理及其他高级主管人员来说，人才市场从没有像今天这样火爆。因此，留住核心员工的问题就成为每个美国企业最重视的问题。

猎头公司（Management Recruiters International Inc./MRI）的副总裁文森特·韦布（Vincent Webb）说："现在的经济形势非常强劲。1991年和1992年，各企业大量裁减管理人员。可能是由于当时过激的做法，造成我们现在正面临着中层经理短缺的问题，所以我们现在又不得不扩大管理队伍。但产生这种情况的真实原因恰恰是经济的良好发展和对商品及服务的巨大需求。"MRI公司进行的最新雇用调查显示：美国国内企业计划在1998年上半年大幅度增加管理人员。MRI公司第16个年度研究对将近4 300主管人员进行了调查，其中有56％打算增加中高级的专业管理人员。

随着对员工需求的激增,企业发现比以往任何时候都难留住有才华的经理,他们已经有了合适的职位。《顾问新闻和主管人员招聘新闻》(Consultants News and Executive Recruiter News)的通讯编辑史蒂夫·柯林斯(Steve Collins)认为:"很多猎头公司开始行动,费尽周折从别的企业挖人。企业之所以很难留住员工是因为他们可以得到各种各样的机会。"

为了预测竞争激烈的劳动市场,去年,人力资源管理学会要求其成员对保留员工所面对的最大威胁进行投票。投票结果强调了企业应该密切关注的四个关键因素:薪金、晋升机会、使员工得到认可和职业倦怠。

## 提供有竞争力的薪金

毫不意外,人力资源管理学会89%的受访者反映,唯一最大的威胁就是其他企业提供的更高的薪金。人力资源管理学会的发言人巴里·劳伦斯(Barry Lawrence)说:"值得庆幸的是,最大的威胁是最容易解决的。你应该弄清所在行业的薪金水平。如果想留住员工,你就要支付有竞争力的薪金。"

想要留住员工的企业不应该只留意本行业的薪金水平,还应该调查内部薪金差异。换句话说,与企业内部类似工作相比的薪金水平。进行行业薪金比较最容易的方法是雇用大型的管理咨询企业。巴里·劳伦斯认为,企业也能用较低的成本获得同样的信息。你可以在网上搜索分类广告,与人力资源机构的成员建立关系,也可以寻求行业协会的帮助。

支付有竞争力的薪金并不一定意味着要高出竞争对手的水平。文森特·韦布说:"在信息技术的某些领域,薪金是个大问题,员工每年换两次工作,就可能获得两位数的薪金增长。但在大多数情况下,员工在寻求一种更好的文化,一个更好的归宿。多数员工不再单纯追求薪金的提高。但是,当今企业公平参与的标准更高了。如果企业发展了,员工应有机会分享企业的成功。"

## 提供大量的晋升机会

人力资源管理学会调查中85%的对象表示员工对企业内部晋升机会的不满是留住员工的又一大威胁。巴里·劳伦斯研究发现:"员工都想在职业上有所发展。这一点在今天的年代也同样重要,因为我们并不像父辈那样(那时员工拥有终身职业)。"

今年,美国得克萨斯州仪器公司(TI)把推动个人发展作为连续两年企业应优先考虑的三大问题之一。相应地,公司的40 000名员工都要有未来一年的个人发展计划。得州仪器公司多样性和员工服务部门的负责人泰格温·普利（Tegwin Pulley）解释说，其目的是让每位员工都能竭尽所能，发挥专长，做到最好。当能充分发挥个人才能时，他们会很高兴，同时工作也会很有效率。由员工自己制订个人发展计划，然后由他们的经理进行评估，从而确保企业给员工提供实现目标所需的培训或教育。比如，得州仪器公司会提供大规模的内部培训，还会为接受高级教育课程的员工提供全部的费用。

焦点小组指出，从员工对工作和企业的积极态度方面来看，这些方案得到了回报。基层员工组——包括非洲裔美国员工、女员工——也发挥了作用。这些员工组开会来讨论职业和其他就职问题，但是他们也在成员工作的附近提供社区服务。泰格温·普利强调说："这些并不只是感觉不错的方案，而且很具实际效果，这使员工觉得美国得州仪器公司是一个工作的好地方。"

你的公司也许没有得州仪器公司的资源，但你仍能推动员工职业发展，并让他们觉得你很好。许多公司因为根据职位高低限制报酬的增长，或者欺骗那些工作不错但还不能胜任副总裁职位的人，从而阻碍了自身的发展。巴里·劳伦斯指出，与此相反，有的公司正取得很大的进步，因为它们取消了正式的头衔，在经济上给予员工奖励来发展员工的特殊技能，而不是将员工简单地按等级提升。

## 使员工感觉得到认可

人力资源管理学会认为,感觉没有得到充分认可是留住员工的第三大威胁。其实不用花费任何费用就能够打消这个顾虑,这也是中层经理们可以对员工的去留起重要作用的一个方面。员工需要经常得到经理对员工工作表现的反馈,而仅靠一年一度正式的业绩评估会议来了解工作表现是远远不够的。经理们应该告诉他们哪里表现好,哪里出了错。

"你需要有一个连续的绩效评估体系,"巴里·劳伦斯接着说,"这就要与员工交谈,对他们的表现作出反馈。这真的非常简单,我们不要总把时间花在这件事上。"

为了确保经理们给下属连续不断的反馈,许多企业现在要求把这样的交流作为经理职责的一部分。不习惯与员工经常交流的经理可能需要交流方面的额外培训,但是这样的投资总是值得的。

## 职业倦怠

人力资源管理学会的调查显示,保留员工面临的另一大的威胁是面对过度劳作和筋疲力尽的员工。具有讽刺意味的是，一些工作过度的员工有双倍的工作量，因为在这个竞争激烈的劳动市场，发现和雇用优秀的新员工需要花很长时间。

巴里·劳伦斯建议的解决方法是：由部门经理与人力资源部及上层的管理部门紧密地合作，创建一个长期的、具有战略意义的人员配置计划，从而保证有足够合适的员工开展工作。他说："实际上，很难实现零失业率。经理不能掌握一切，但你必须竭尽所能。企业试图做的一件事是认识到他们也许不能得到自己需要的最好的人选，但他们能得到仅次于最好的人选，并能使他加速发展。为了做到这一点，你需要提前知道你需要什么，以便接受一些培训。因为资源和时间有限，你最好有效地利用它们。"

在企业为了竞争而精简造成员工不足的部门里，经理们需要对员工工作有战略安排。每个任务都应考虑到是否能给顾客带来利益，如果不是，就应该取消。

最近裁员的公司或计划裁员的公司，可能经历留住需要的员工的尤为艰难的一段时期。哈里森职业服务公司（Lee Hecht Harrison）最近发表了一份报告，名为"超越裁员：21世纪的人员配置和劳动力管理"（Beyond Downsizing: Staffing and Workforce Management for the Millennium），为此他采访了500多家企业。报告表明，成功的企业从长达10年的代价高昂的裁员经历中得到启示，只有采用以下六种策略来获取员工的最大价值，才能留住有才华的员工。

**采用更加严格的员工甄选过程**。领先企业对需要的每个工作如何展开和什么类型的人最适合都有明确的描述。

**给员工指导而不是发号施令**。这种"指导，而不是发号施令"的方法使经理们能管理更多的下属，通过为员工提供自力更生的方法，使整个组织更加灵活，并且通过鼓励个人更高的责任心来提高员工的工作满足感。

**拓宽讨论范围**。领先企业要求员工对企业的业绩承担更大的责任，因此他们拥有有关企业前景、策略和目标的充足信息比以往任何时候都更重要。

**扩展职业发展的选择**。从得克萨斯仪器公司得到的启示是：经理应该在公司内部帮助员工发展他们需要提高的技能。

**灵活的工作安排**。人力资源管理学会调查表明，71％的受访者表示员工因为很难平衡工作和个人的生活才离开。提供灵活的工作安排并不意味着每位员工必须在网上工作。这可能意味着上班时间很早或压缩了的工作天数（比如，员工每周工作四天，每天工作10个小时）。任务共享或兼职的机会还可以帮助企业留住有价值的员工，因为自从他们成了专职工作者，个人的情况就发生了变化。

实施这些策略的关键是,使所有能证明他们改变计划不会对企业造成损失的员工也能参与其中。因为员工可能会有很多理由要求一个灵活的工作安排——不管是照顾生病的父母,还是进行马拉松训练。那么对那些有小孩的员工限制灵活工作方案,会使他们心生怨恨。企业永远不应该根据员工需求来判断个人的品德。

哈里森公司总裁斯蒂芬·哈里森（Stephen Harrison）说:"不必太过花哨,但保留员工如一条花毯般包罗万象。除非你使用的是一个综合的方法,否则就不要期望保留策略获得成功的前景。不能只针对一个目标,如'我们需要改善10年退休时间方案'。设定唯一的目标对当今的劳动力市场影响很小。"

不管你的公司有多努力,如果员工执意离开,他们的意见对未来的人才保留方法还是会有用的。毕竟要与每个即将离开的员工进行彻底的离职谈话。巴里·劳伦斯说:"这是增长经验的好机会。那些要离开的员工往往比正式员工更能畅所欲言。当然你不可全信,因为他们也许别有用心。但他们所说的大部分还是有价值的信息。"

## 参 考 阅 读

The AMA Handbook for Employee Recruitment and

Retention by Mary F. Cook, editor, and Nary Cook (1992, AMACOM)

"Beyond Downsizing: Staffing & Workforce Management for the Millennium"(1998, Lee Hecht Harrison)

"Society for Human Resources Management Retention Practices Survey and White Paper"(1997, SHRM)

## 2. 应对女性员工离职的问题

克里丝滕·B.多纳休

# 2. 应对女性员工离职的问题

克里丝滕·B. 多纳休

美国企业里,女员工离职速度是男员工的两倍。企业应该对此趋势有所警觉吗?它们是否该做些什么呢?

现在人们认为,对上面两个问题的回答都是肯定的。美国国家女企业家基金会（the National Foundation of Women Business Owners）（NFWBO）最近发表的研究公布了女性正以企业家开拓创新的精神开拓事业的最新信息。Catalyst是一家非营利性公司,参与此项研究的公司研究和咨询服务副总裁玛丽·马蒂斯（Mary Mattis）认为,"这一研究结果应唤醒那些设法留住女企业家的人们。"

西蒙斯管理研究生院（Simmons Graduate School of Management）在会议上发表了一项研究,称为"通往企业家精神的道路——从商女性的新方向"。该研究表明女性创业的根本原因是想独立地做过去一直由企业做的工作。另一个强大的动力是渴望得到成功的企业理念：在调查中，大约一半的女性的激情是来自灵感和选择了非主流的细分市场，这样也就避开了实力雄厚的竞争对手，从而较容易生存发展。第三个主要原因是希望拥有更多的灵活性。

NationsBank Card Services 的总裁艾琳·M. 弗里亚尔斯（Eileen M. Friars）在西蒙斯会议上嘲讽道："这里没有像职场中女性晋升时遇到的那种无形的障碍，只有大量等待晋升的男性员工。"且不谈这个笑话，调查中有 1/4 的女性把这种无形的障碍看成晋升的真正的阻碍，这一比例在过去 20 年中增长了 250% 左右。玛丽·马蒂斯的解释是女性对商界的现状有较高的期望："她们不打算与 20 年前一样进行竞争了。"

## 随之而来的人才外流

企业正遭受女主管人员外流的打击。除了知识资源的流失以外，还包括对员工士气和寻找替换员工的成本消耗的消极影响。另外，我们不应忘记竞争：在过去 10 年创业的女性很可能建立一个与她们过去经历有直接关系的企业。因此，企业面临着来自这些女性真正的竞争威胁。

# 企业该如何应对

在《女员工职业突破：克服工作上的最后10大障碍》(Women Breaking Through: Overcoming the Final 10 Obstacles at Work)一书中，德博拉·J.斯威斯(Deborah J. Swiss)指出，关注男女平等是解决问题的第一步，但企业"如果不能先确认过去经营方式的基本缺陷——从女性员工第一次参加面试到进入公司董事会的所有缺陷，就不能创建一个完全接纳女性员工的新结构"。同样，"通向企业家精神的道路"的研究表明，对女性的贡献给予更多的奖励和认可以及更灵活的工作安排，能使大多数女性重返商界。

以下方法会营造一个令女性员工以及全体员工感到舒适的工作环境。

## 分析时势

"通向企业家精神的道路"的研究结果并不令德勤华永全球公司(Deloitte & Touche LLP)负责女性发展的国内董事埃伦·加布里埃尔(Ellen Gabriel)感到惊奇。五年前，她在企业内部作过类似的研究，当时大量离开了这家公司的女员工并没有像人们认为的那样回家生孩子,而是继续工作或开始创业。她建议:"你需要确定有多少女员工处于上层的管理地位,有多少女员工处于中层,她们希望有进一步的发展。走出去,跟这些女性聊聊,了解她们最看重什么。"这样的交谈促使德勤华永全球公司提供更灵活的工作安排,制定了帮助女性经理职业发展的方案。

## 积极组织员工探讨性别平等的问题

影响晋升包括很多因素,其中有,以性别为基础的陈规旧套;没有女性模范;缺少客观的业绩标准;把女性排斥在只限男性的传统活动之外,包括非正式的商业联系网络、指导机会或在下班后与客户共同参加社交活动等。德博拉·J. 斯威斯写道:"为了工作进展而建立关系和进行商业交流的非正式重要渠道对大多数男人来说触手可及,但大多数女性却不能很好地使用。"

讨论工作环境是否平等可能是件痛苦的事。有些男员工也许感觉受到威胁,其他人可能感觉生气;有些女员工也许闭口不谈。因为她们怕说出来会遭到报复。德勤华永全球公司的埃伦·加布里埃尔说:"对每位管理人员来说,召开为期两天的'性别意识'研讨会是有必要的。目的是提供一种用来讨论与性别有关问题的通用语言。不要从个性方面讨论这些问题,而应该从商业角度去讨论。"

## 消除阻碍女员工取得成功的"无形"障碍

究竟一个人怎样才能打破无形的障碍呢？如果你对吸引和留住优秀女员工这件事非常认真，那就要用很长时间来仔细观察企业环境。埃伦·加布里埃尔说，障碍是真实存在的，但又不易察觉，"这与由男性支配的等级制度、认知及固有观念密切相关，因为这些现实会影响各种各样的决定。我们需要增强对这些现实的认知，促使企业控制它们。"

德博拉·J.斯威斯强调说，企业必须积极识别有潜力的女性，给她们平等的职业发展机会：主管职位、学习技能的机会、特殊项目分派、加入有远见的团队或委员会和提拔成项目领导。别以为女性到了育龄期，就会去当"妈妈"。德博拉·J.斯威斯写道："除非工作环境标准变的无视性别，否则企业需要支持女性职业发展的非传统论坛，如赞助社团组织，提名商业和非营利组织的委员会成员，加入女性企业集团。"加入这些组织不仅使女性与同事团结起来，更把她们和其他组织潜在指导者联系起来——他们也会拓宽企业客户群。

真正开放的工作搜索也很重要。德博拉·J.斯威斯建议说："给搜索员工委员会配备能确认最广泛的候选人群的人员，通过社区团体、非营利组织的委员会和专业组织找到非传统的候选人资源,这些组织的会员是当今的人才库。"

## 尽量取得支持

如果没有来自企业各级领导的积极支持,对改变影响而作出的上述努力将无法达到预期效果。可以按以下建议获得支持:

**让主管对实现性别平等的目标负责**。德博拉·J.斯威斯建议不赞成把经理的报酬与配额制挂钩,而是主张"经理应因创造一个有足够女员工,并能与男员工以同样速度得到晋升的工作氛围而受到奖赏"。

**采取临时措施**。德博拉·J.斯威斯认为,女员工组得到上层管理者的认可有助于说明性别平等和赢利之间的联系。调查员工投诉的人向高级主管人员直接报告能够在倡导企业改变的同时解决性别歧视和性骚扰事件。

**传达上层的信息**。德博拉·J.斯威斯指出,与高级管理人员的沟通"标志着一个新型的企业计划:女员工可以自主地作决策,企业也会接受不同的领导风格,这样,最好的人才也会出现"。

提倡理解女性的管理方法对企业有好处。

过去许多管理书籍建议,想在商业上成功的女性应该尽可能担当与男人一样的责任,但是这样的建议让人们觉得女性对商界没有带来独特的积极影响。当今大量的研究表明事实并非如此。在《女性的优势:女性的领导方法》(The Female Advantage: Women's Way of Leadership)一书中,艾丽·赫尔格森(Ally Helgesen)叙述了对女性领导人每天工作的研究,记录了她们如何作决定和计划,收集和传播信息,激励别人,委派任务和组建企业。她发现许多由女性创办的企业并不是以分级制度为基础的,而是像由领导人伸展的一张网;不是自上而下与企业其他部门建立联系,而是建立了一个依靠信息共享的团体。此外,在"通向企业家精神的道路"的调查中,有76%的女性至少提供一个与原来企业不同的方法或实践。无论公司大小,女企业家都可以采用更灵活、更易接受和更开放的管理方式,这是她们企业经营的主要不同点。

特别值得注意的是,这种所谓的女性管理方法已经渐渐进入主流,并正在被男性和女性经理所使用。在当今的经济环境下,信息正在替代权力而成为成功管理的关键因素。女性正显示她们与生俱来的以营造和改进信息流动方式来进行管理的能力。

## 参考阅读

*The Female Advantage: Women's Ways of Leadership* by Sally Helgesen (1995, Currency Doubleday)

*Paths to Entrepreneurship—New Directions for Women in Business* (1998, The National Foundation for Women Business Owners)

*Women Breaking Through: Overcoming the Final 10 Obstacles at Work* by Deborah J. Swiss (1997, Peterson's/Pacesetter Books)

## 3. 管理劳动力短缺 I  如何留住 50 岁左右的员工

# 3. 管理劳动力短缺 I
## ——如何留住50岁左右的员工

这是人力资本的时代,是劳动力市场激烈竞争的年代。企业终于认识到竞争优势主要在于人才,寻找和留住优秀的经理和员工是具有战略意义的必要因素。但是当人才竞争如此残酷的时候,你如何吸引和留住最好和最聪明的人呢?

更糟的是,两个人口统计定时炸弹已经在嘀嗒作响。婴儿潮一代人(几乎占一半劳动力)正在变老,许多人到了65岁已经不打算做同样的工作了。但紧跟婴儿潮时期之后出生的一代人数量最少,因此不能填补人口统计的空缺。结果是:寻找和留住优秀员工将变得更困难。华信惠悦咨询公司(Watson Wyatt Worldwide)的顾问杰里·麦克亚当斯(Jerry McAdams)建议:仔细看看今天IT部门人才稀缺的情况吧,因为你的企业今后也会面临这样的状况。

我们该怎么办?关键就是坦然面对这个年龄段员工的问题。本文讨论留住和得到这些年长员工最大价值的方法和技巧。

据估计,婴儿潮时期的一代人中,现在每天就有 11 000 人到了 50 岁,或者说每七秒钟就有一个人到了 50 岁。

那又怎样?过去,经理们听到消息后会不以为然或感到惊喜。毕竟,50 岁的员工是企业最可靠和最有效率的员工。他们可以得到职业发展和提高资质的一些临时津贴。大多数人希望能再工作 15 年。

但如今,50 岁的员工却处在一个尴尬的环境中。他们晋升的机会很有限——过多的员工,稀缺的老年岗位。大多数员工不清楚他们有什么工作保障;只有少数人能得到大部分退休金。一些人已经打算提前退休,找第二职业或到其他地方找更好的工作。有些人会生病、受伤或离职去照顾年迈的父母,一去而不复返。其他人不管有多沮丧或不开心,因为生活所迫,不得不留在企业。

如果让这样的情况继续恶化下去,过不了多久,你的公司就会失去这个年龄段的员工(只留下没有别的更好出路的人)。这是个问题,也是要取消整套设备或部门的部分原因。西伯森公司(Sibson & Co.)的一位负责人格伦·L. 多尔顿(Glenn L. Dalton)警告说:"许多企业拥有很多这个年龄段的员工,这就会出现多米诺效应。一个人离开了,另一个会说,'嘿,我也要离开。'可想而知接下来会怎样,那就是维修部门一半的电工都会走掉。"杰里·麦克亚当斯接着说,这个年龄段的员工不仅很多,而且他们对许多企业来说也是极其重要的。如果他们离开,企业的大量智力资本也就随之失去了。

至今,几乎没有几个企业能勇敢地面对婴儿潮时期的年长的员工这个问题。但是少数人力资源专家已经开始思考和记述这个问题,他们的建议差不多。如果为了让这个年龄段的人继续工作并创造价值,你必须创建一个工作环境,在这个环境里,对工作描述、工时、薪金、福利等传统的设想都不存在。

## 进行交谈

这个过程的第一步毫无疑问是开始与该年龄段的员工交谈。Milt Wright & Associates 咨询公司的合伙人理查德·皮门特尔(Richard Pimentel)说,企业"需要把这个年龄段的人分成不同的组。这些人占很大的比例,情况因他们而改变。他们是谁?他们需要什么?只要开始对话就可以开辟更多的探讨空间。公司的医疗保险能满足这组员工的需要吗?他们重视长期医疗保险吗?"理查德·皮门特尔说:"要想使这些人高兴,单单每年加薪是不够的,企业还必须创新。"

# 灵活性原则

灵活的福利计划很容易实现。但是灵活性原则也可以扩展到其他领域，比如工时。50 岁以上的人觉得生命更短暂；许多这个年龄段的员工不想每周平均工作 40 小时，更别提 60 个小时了。他们想做兼职、分摊工作或网上办公。他们对度假、无薪假期和社团项目的松散时间更感兴趣。他们喜欢灵活的工作时间。Age Wave Communications 公司的多媒体主管玛莎·爱德华兹（Martha Edwards）认为，"阶段性退休"这个方法让员工按阶段减少工时，会更受欢迎。

# 更有趣的工作

调查显示，婴儿潮时期出生的员工工作时，希望有更大的自主权，能够做有意义的事情，并且能获得学习新事物的机会。一些专家表示，这就意味着公司必须重新设计工作方法，让员工为自己工作。告诉他们基本的企业原则；帮助员工明白他们如何为公司作贡献；给他们应对新挑战和获得新技能的机会，但不要指望每个人在没有帮助的情况下都能赶上。Age Wave

Communications 公司的副总裁马克·弗朗西斯（Mark Francis）说："你必须为更成熟的员工进行有意识的培训投资，特别是在技术领域。但要合理使用资金。"

## 调整奖惩系统

企业传统上一直遵循统一的支付报酬计划。西伯森公司的道尔顿认为，现在这些计划该被淘汰了。年轻的员工想要现金，年长的员工更期待较多的退休金。许多企业会看到的一个改变是：薪金有了很大的增长幅度，薪金的增长从5％、10％、20％到30％，甚至更高（杰里·麦克亚当斯的观点）。这种可变薪金的重要性是什么？赫尔曼集团（Herman）的行政主管罗杰·赫尔曼（Roger Herman）解释说："这完全符合婴儿潮时期出生的员工的态度——我需要自主，我想主宰自己的命运。如果你给我一个职位，我可以影响收入的多少，那么你就得到我的关注。"

创建非常灵活的工作环境并不容易。但是，如果你在50多岁员工收拾东西离开时袖手旁观，可能会损害你的公司，并且这种损害永远无法恢复。

## 4. 管理劳动力短缺 II 聘用并保留优秀的年轻员工

# 4. 管理劳动力短缺 II
——聘用并保留优秀的年轻员工

现在,没有人能找到充足的年轻员工。这并不奇怪:由于婴儿潮后出生("X代")人口相对较少,所以劳动力市场出现紧缺现象。自1990年以来,25~34岁年龄段的员工数量已经下降了12%,预计这一数据在今后的几年里还会继续增加。

那么企业该如何解决这个稀缺的问题呢?有些企业关注新的招募和保留策略。有些公司则把初级员工曾做的工作外包或变成自动化。一些急需帮助的企业正雇用他们不需要的人。这些举措也许有用。该领域的顾问表示:还有更好的解决方法。最有悟性的经理们正使用一个系统的方法来解决人员配置问题——实际上是重新定义工作和工作环境的组成部分。

为了制定适合公司的策略组合,请考虑以下因素:

# 招　募

从某种程度上讲，招募的新方法是一个战略问题。经理和人力资源部正学习彻底搜索网上招聘的网站，并加快校园招聘的步伐。他们也会给推荐新员工的员工支付介绍奖金。华信惠悦咨询公司（Watson Wyatt Worldwide）旧金山办事处负责人约翰·帕金（John Parkington）说："某些企业事实上就是为了找人才才支付这些。这样，一下就得到了一个10或15个人组成的招募团队。"

但是面对新策略人们使用了不同的思考方式：与单纯面试不同的是，企业制定了招募方案，看上去完全像产品销售策略。企业同时制定"价值提议"方案，这样做可以在年轻求职者的心目中树立起公司与其他竞争公司不同的形象。他们划分潜在员工市场，确定目标群并创造独特的就业机会。戴维·S. 弗里德曼（David S. Friedman）在最近的《麦肯锡高层管理论丛季刊》（*McKinsey Quarterly*）讲了一家保险公司雇用教师在暑假期间做销售的例子。虽然大多数人都在秋天回校教课，但每年仍然有几个老师辞职，成为长期的销售人员。为了实现他们的期望，企业收集量身定制的整套支付报酬的方法，通常包括签约奖金和股票期权。

## 保留员工

留住 X 代新员工是一个特别大的挑战,因为这些员工流动性很大。因此,企业已经创立"留住员工"奖金和包括多年股票期权的授予计划的可观奖励计划。企业还增加了一些非常规性福利,比如,CACI 国际公司给员工提供汽车保险、家庭保险和预付法律服务以及医疗保险。

最近,有些企业设立了一个称为保留员工经理人的职位,负责降低人员更换率。该工作的重点是:制定一个短期的职业轨迹,给年轻的员工提供多样性和挑战。另一个重点是:让不善交际的经理们学会不疏远新的员工。不管薪金多少,没有一个讨厌自己老板的员工会在企业里待很久。

## 自动化和外包

银行出纳员和加油站服务生正在逐渐消失。麦当劳公司最近宣布,公司正在对电脑自动购物小卖部进行测试。曾经由初级员工做的工作越来越多地实现了自动化,或通过技术改进提高了其工作效率。此外,更多的工作被外包。软件公司找不着足够年轻的美国工程师,就把写密码的工作外包给海外的程序员。戴维·S.弗里德曼说,在卫生保健方面,供应商提供预先包装好的手术工具,用于医院外的任务,或给那些难找到的手术室的医生提供宽松的时间。

乍一看,这种外包似乎只是重新进行了员工配置,仍不能解决问题。但是外包扩展了可利用的员工资源。此外,外包的卖家是专家:他们不仅能更有效地工作,也能使自己在某个领域中成为企业的选择。戴维·S.弗里德曼指出,服务大师公司(Servicemaster)已经制定了以人为本的策略,该战略致力于把没有前途的工作转变为职业发展道路上的一个步骤。

## 扩大初级人才库

大公司曾对他们雇用的年轻员工很挑剔。现在已不一样了,需要大量的初级员工的企业开始重视曾被忽视的人口统计组合,包括高中辍学学生、以前的福利接受者以及从未工作过的残疾人。一个隐患就是雇用这些"非传统"员工的企业常常需要承担加倍培训的义务。除了职业技能以外,他们必须讲授公司的规定和期望。如果你不来上班,就打电话。如果你完成了分配的任务,就可以询问有没有其他的工作可以做。

万豪国际酒店集团（Marriott）和一些其他的企业对新员工制订了广泛的培训计划。由其他公司雇用顾问，如米尔特赖特公司的理查德·皮门特尔，来讲授做什么工作。其中一个关键因素是：帮助主管在与非传统员工相处时保持耐心和积极的态度。理查德·皮门特尔说，摆架子和不遵守秩序是不可行的——新员工会感到尴尬。相反，主管需要学习指导技巧。理查德·皮门特尔建议他们在每天工作结束后，应该与新员工坐下来，回顾问题和关心的事情。

理查德·皮门特尔说："这意味着主管需要花更多时间，他们会说，'我没有多余的时间。'但是想想，一旦这些员工辞职，他们会花费多少时间。"

## 重新营造工作环境

这三个因素——招募、保留和重组——常常可以解决年轻员工配置的问题。主营咨询与培训业务的美国造雨者思想（Rainmaker Thinking）公司的布鲁斯·塔尔根（Bruce Tulgan）还有另一个解决方法，这些年，公司已经面试了10 000名年轻人。X年代的人是精明的自由代理人，他们工作非常灵活，有企业家精神。为什么大多数企业仍然坚持提供传统的工作呢？布鲁斯·塔尔根说"公司总是设法按照图表安排岗位,即那些唯一的、现场的和不间断的全职工作。但是这样的工作方式有很大的局限性。"

布鲁斯·塔尔根的解决方法是,把当今年轻员工劳动力市场反复多变的特性看成是一个机会,而不是一个问题,"要灵活多变。"如果某人想在星期一到星期三工作,星期三以后休息,冷静地想想应如何安排。如果有些人想休息六个月去印度度假,也可以灵活安排;让他们的工作能继续下去,并采取措施让他们回来。年轻的员工希望有灵活的工作时间、网上办公、做业务咨询工作或间歇性的工作,这些都不应该被视为问题。如果贵公司能够提出一个开发这类人才库的方法,你就会打败竞争对手。

布鲁斯·塔尔根说,毫无疑问,重新创造工作环境需要对以下方面重新作出全面的评估,那就是招募、定位、培训、绩效管理和奖励。比如,与其花一年时间培训新员工,不如让他们立即去工作,随着职责的增加,再提供"适时"的培训。根据个人的表现来给予奖励,不应按照工资等级给予奖励,因此把奖励与工作表现联系而不看资历。(一家高科技公司建立了项目研究小组,每个小组都如同独立的企业,支付团队成员所创造的收益的一部分。)每个人力资源部门都必须留住了解公司和工作表现出色的人才。

以上问题令人烦恼吗?也许是这样的。另一方面,竞争激烈的劳动力市场双重人口难题和年轻员工人才库的枯竭很可能会持续一段时间。因此企业不能坐视不管。

**RETAINING YOUR BEST PEOPLE**

住最好的员工

# 第四部分

# 从员工那里获取最大的价值

仅仅依靠有才华的员工是不够的,你还需要充分利用他们带给企业的独特的知识、理念和技能的优势。当员工看见自己的才能在企业得到充分利用,他们就会感到相当的满足,进而对组织产生责任感。

本部分文章将介绍怎样从员工那里得到有价值的想法。乍一看不重要的"小"想法常常能给公司效益带来巨大的变化,因为对手公司不能轻易地认清并摹仿它们。本部分文章还告诉你在帮助改进弱点的同时,怎样发挥员工的优点和如何利用那些最终可能会到你公司其他部门或其他企业工作的员工的知识。

## 1. 从优秀员工那里获得建议

艾伦·G.鲁宾逊

# 1. 从优秀员工那里获得建议

艾伦·G.鲁宾逊

萨诸塞大学阿姆赫斯特分校（the University of Massachusetts Amherst）和维尔帕瑞索大学（Valparaiso University）的埃奇·鲁宾逊（Edge Robinson）和迪安·M.施罗德（Dean M. Schroeder）教授分别指出，当员工看见自己的想法被采纳，他们会更投入地工作。经理们在发现员工的想法产生很大影响后，会给员工更多的权力，这样员工就会提出更多更好的想法。

你如何创造这样一个双赢的局面呢？埃奇·鲁宾逊说，学会认识到小建议的力量，不一定非得给员工经济上的奖励。

### 对待有思想员工的态度有何不妥？

自从弗雷德里克·泰勒（Frederick Taylor）主张管理层的工作就是思考，员工工作就是做事以来，这已成为大多数企业普遍持有的观点。但事实上，第一线员工比经理更了解产品服务和过程的详细情况。他们更能发现问题和机会。

## 一个有效的采纳系统有什么特征？

想法得到各方的积极鼓励；提出想法的过程很简单，建议评估很快也很有效；尽可能多地收集第一线员工的想法，据此作出决策，这将可以作出更好的决策、更快地履行任务并降低加工成本；这也节省了经理的时间。

## 为什么要强调小小的建议？

企业领导者总是寻求下一个突破性的创意，这些获取短期巨额利润的投资方式会使他们把竞争对手远远地甩在后面。为此，他们制定的体系和方法都是针对突破性的创意。

几乎没有几个经理认识到这种想法的局限性。如果在企业经营的诸多重要方面（如客户服务、应答、质量和管理成本）不能正确处理小事情，就无法出色地完成任务。

在亚利桑那州西南部的葡萄峡谷牧场（Grapevine Canyon Ranch）举行的为期两个月的创意会议上，一名主妇建议牧场制作扑克牌大小的特殊纸片，上面可以写上人们的联系信息。这个创意由来是：那个主妇发现屋里散乱摆放着的一堆文具上留下了大量笔印，意识到许多客人使用整张纸（只提供了信纸）来与其他客人交换姓名和地址。这不仅给客人带来不便，对牧场来说也费用昂贵。

这个建议没有对绩效或客人满意度带来显而易见的影响。但是综合考虑一下，所有的小建议对牧场的服务产生了难以置信的效果。

此外，大多数小建议有所有权，而突破性创意却没有。突破性创意很容易被竞争者发现，而且常常比较轻易地被反击或模仿。由于竞争者无法轻易发现小建议，因此小建议合起来能产生巨大的竞争优势。

## 企业应该如何指导有思想的员工？

企业战略应该帮助它决定在哪里集中寻找建议。确定绩效根本的推动力，征集与这些推动力有关的点子——这是最终的基准工具。

## 企业需要奖赏提出建议的员工吗？

没有他们想的那么多。日本出光石油化学株式会社（Idemitsu）每年在不给任何奖金的情况下就能从每位员工那里得到100多个好建议。此外，许多看上去合理的奖励计划却带来了截然相反的结果，比如，从储蓄、每个建议或利润中拿出百分之一作为奖金，产生大量无价值的工作，并破坏了团队的合作和信任。

大多数员工有许多好建议，一旦被采纳，他们会喜出望外。他们为能给企业的成功作出贡献而感到自豪。因此认可建议的最有效形式是很快使用它们，并赞扬提出想法的员工。

如果你确实想提供经济上的奖赏，就要做到简单统一并且公平地发给所有员工。

比如，凯西精致家具（Kacey Fine Furniture）将员工丰厚的季度奖金与业绩改善相联系，比如减少顾客退货率。

## 2. 发挥优点还是弥补缺点 哪个更有效?

梅丽莎·拉夫尼

## 2. 发挥优点还是弥补缺点

——哪个更有效？

梅丽莎·拉夫尼

马库斯·白金汉和唐纳德·O.克利夫顿在合著的畅销书《现在，发现你的优势》(Now, Discover Your Strengths)中写道：成功之道取决于你最大限度地发挥优势，而不是改正缺点。他们认为，设法改正长期存在的毛病带来的好处微乎其微。此外，要成为一个优秀的员工，你不需要在工作的每一方面都表现得出色。对经理来说，全面发挥下属的优势和控制他们的缺点更为有效。

虽然马库斯·白金汉和唐纳德·O.克利夫顿的观点很有说服力，但是《哈佛管理前沿》的专家认为这个观点太过简化。虽然为发挥员工的优势而设计工作职责是很自然的事情，但是不能只关注员工的优势。

> 与能力相比，
> 员工的动力经常是决定绩效更重要的因素

为了满足公司的需要，你应该帮助员工改正他们的缺点。凯斯西储大学（Case Western Reserve University）管理学院（Weather-head School of Management）的组织行为系主任理查德·博亚特兹斯（Richard Boyatzis）博士，曾与丹尼尔·戈利曼（Daniel Goleman）和安妮·麦基（Annie Mckee）合著《主要的领导能力》（*Primal Leadership*）一书。他说："如果员工技能没有得到提高，就会令人失望。我们的研究多次表明，员工能够作出改变。持续的改变来自于用优点来弥补缺点，以使两者平衡。如果你不能使员工得到发展，他们将最终对工作产生厌烦情绪，随即离职而去。"

尽管过去的一年里解雇了很多员工，招募最有才干的人仍是相当困难。如果不能从外部找到人才，主管人员必须在内部培养员工，把表现一般的员工培养成世界一流的员工。为此，你需要从识别使你的部门成功的关键技能和能力开始，不管它们是否是你直接下属的优点还是缺点。在选择要关注的缺点时要有策略，你应该制定适合每个人的特别方法。应该持久贯彻的计划就不要敷衍了事。一旦发现缺点，不要指望奇迹般的全部改掉；作为一名主管，你应该与员工一起不断改进。

## 改正缺点的战略方法

人人都有缺点，一些缺点虽然不是很棘手，却似乎在未来几十年里都很难得到改进。尽管IT方案供应商JJWild的首席执行官萨尔·兰努托（Sal Lanuto）承认，决定多长时间才能帮助员工改正掉缺点没有一个简单的公式，但关键问题是关注"重要的缺点"。

不要指望一下子把缺点全部改掉。先着手改进那些阻碍员工实现关键任务的基本绩效标准的缺点。改进了这些缺点后，再解决那些妨碍员工职业发展的缺点。

在这种情况下，引爆点分析可能非常有帮助。理查德·博亚特兹斯说，与其设法让员工改正其最明显的缺点，还不如鼓励他发展能力，尽管不是优势，"但也有了一些提高"，随着能力不断提高，"会逐步促使他们有最佳表现"。

然而，在有些情况下，收益递减的规则会发挥作用：为了在重要技能方面弥补个人绩效缺口投入的时间和费用是不值得的。萨尔·兰努托说："比如，我们很难让工程师去做销售工作，反之亦然。为员工提供信息，帮助他们更好地利用优点是一回事；而让他们克服缺点却是另一回事。"具有战略意义的改正缺点的方法有很大的好处，因为这帮助你认清何时该考虑解决办法。

如果员工的缺点无法改变，而他的优点对企业很重要，那就尝试给他找个搭档或调整工作，这样，你找到适合他的工作，使他所做的工作与根深蒂固的生活兴趣能更好地结合。教育家出版社（Educators Publishing Service）社长尼克·盖德（Nick Gaehde）说："先看看有哪些工作需要做，然后灵活地找到适合该工作的人——这样做更容易些。"

在根据每人的优点或需要安排工作时，你应该记住企业需要是第一位的。心理学家蒂莫西·巴特勒（Timothy Butler）担任哈佛商学院职业发展计划的负责人，并合著了《12个阻碍优秀员工发展的陋习》（The 12 Bad Habits That Hold Good People Back）一书。他认为："某些技能安排很合适，但仍不能对企业有所帮助，员工想做什么和企业需要做什么之间可能很不匹配。"理查德·博亚特兹斯接着说："使员工适应工作的要求在短期内会奏效，但是长期看来却不行，因为这不能发展员工——至少不能成为最好的领导人。"

## 因人而异的管理办法

虽然经理们都希望一视同仁，但在激励员工改正

缺点或充分地发挥他们的优点方面，你必须因人而定。这种方法一定要公正。《主管人员指导：实践和观点》（Executive Coaching：Practices and Perspectives）一书的合编者，心理学家兼主管人员指导凯瑟琳·菲茨杰拉德（Catherine Fitzgerald）博士说："经理们常常没有认识到，以量身定制的绩效期望来激励不同的工作人员是可行的。另一方面，如果你问父母如何待孩子，他们一定认为必须个别的加以考虑。"沟通顾问霍利·威克斯（Holly Weeks）建议："因此，设法确定每个下属的主要动力来源，不要认为你的动力也是下属的动力。"当你对每个特定的员工制订工作计划时，你也需要考虑到时效和环境。理查德·博亚特兹斯说："比如，生活或职业改变对个人的动力会有重要的影响。"

他接着说："无论哪个年龄段的人都可能有很大进步或发生巨大的改变，即使到了45～50岁这个年龄段，他们也可以像20岁那样发生改变。当没有发生时，这主要是因为他们不想改变——这是动力的问题，不是可不可能的问题。"

优势的整体概念可能会产生误导：与能力相比，员工的动力经常是更重要的决定绩效决定因素。凯瑟琳·菲茨杰拉德解释道："有些员工的优势并没有被激发出来。"比如，如果员工觉得数学很无聊，那么他的数学天赋只会起一点作用。你要做的不只是帮助员工发现他们的天赋，你还得帮助他们弄清工作的最大动力是什么。凯瑟琳·菲茨杰拉德建议向你的下属提出下列问题：他喜欢做什么？什么才能激发他的兴趣呢？他最担心什么呢？什么会令他神经紧张？

员工的能量和动力来源并不总是显而易见的。为了发现它，有时你不得不作一些计划。蒂莫西·巴特勒说："许多经理犯的一个大错误就是理所当然地认为员工真正地了解他们的需要，这只是一个协商的问题。对大多数员工来说，问题在于他们不知道或不能真正地表明什么才能点燃他们的激情"。帮助员工"思考是什么激励他们，以及这种激情如何提高他们的工作能力会非常有效。在研究中，我们发现员工满意度的最大决定因素在某种程度上取决于他们对工作的基本兴趣"。

幸运的是，我们可以进行人性化管理。蒂莫西·巴特勒说："一般来说，员工希望不断发展，而不是被忽视，这常常指在某些领域有所发展。"理查德·博亚特兹斯说，当然，你经常要"过分强调优点，因为谈论员工弱点的话不绝于耳。"但是，当你需要激励员工改进他忽视的缺点时，那才是真正的考验。

霍利·威克斯说："人们忽视他们认为没价值的东西。激励员工发展他不重视的优点已经很难了，可想而知让员工改进他不重视的缺点就更难了。"可是，有时公司的需要让你只能这么做。

你该如何开始呢？凯瑟琳·菲茨杰拉德认为，向员

工强调改进独有的缺点的战略意义。告诉他如果继续忽视缺点会带来的损失。尽可能减少痛苦。尽可能使改进缺点的过程不要那么冗长乏味。"比如，如果某人在提升时间管理的能力，你了解到，他对技术如痴如醉，那就设法找到他能使用的时间管理方法，这可以发挥他在技术方面的想象力。"

蒂莫西·巴特勒说："你不希望把员工逼进不胜则败的处境中——在这种情况下，大多数人无法学到最多的东西。"

## 参考阅读

*Now, Discover Your Strengths* by Marcus Buckingham and Donald O. Clifton, Ph. D.（2001，Free Press）

*Primal Leadership: Realizing the Power of Emotional Intelligence* by Daniel Goleman, Richard Boyatzis, and Annie McKee（2002，Harvard Business School Press）

*The 12 Bad Habits That Hold Good People Back: Overcoming the Behavior Patterns That Keep You from Getting Ahead* by James Waldroop, Ph. D., and Timothy Butler, Ph. D.（2000，Currency）

## 3. 当最好的员工离开时,他们也把知识带走了吗?

戴维·博思和戴维·Y.史密斯

# 3. 当最好的员工离开时，他们也把知识带走了吗？

戴维·博思和戴维·Y.史密斯

主管人员常常把员工看成最重要的资源。但几乎没有领导者能够预测核心员工哪天会永远离开企业。随着经济的反弹，这天的到来可能比许多公司想象的更早。另外，随着员工年龄不断增长（不同年龄段的员工留在企业的时间会更加短暂）许多企业面临知识、经验和智慧的持续性流失，而这些因素一直是竞争力和获利能力的主要推动力。

也就是说，除非公司开始执行一个战略性的行动计划来留住员工，并储备员工所拥有的大量知识，否则无法避免以上情况的出现。这样的计划应该达到以下目标：

- 帮助员工学习和分配知识——包括他们自己和同事的知识。
- 鼓励员工跨越时间和空间进行合作。
- 给员工提供最有效工作的学习和绩效支持。
- 实施有效推动职业发展和接替规划的组织结

构。

知识的流失及其对员工生产能力和绩效的影响是一个复杂的问题。毫无疑问,没有一个或统一的解决方案能解决全部的问题。相反,企业需从策略、技巧和技术方面考虑问题。设法追求这种方法的企业应该执行下列步骤:

## 识别最有可能失去的知识并尽力保留

企业应先识别最可能在哪个方面丢掉信息和经验。企业可以通过建立绩效管理和职业发展过程来识别拥有最重要知识的员工。

比如,戴维·W. 德朗（David W. De Long）和托马斯·O. 曼（Thomas O. Mann）在《埃森哲展望杂志》（Accenture's Outlook Journal）（2003年一月刊）的"防止人才流失"（Stemming the Brain Drain）一文中提到,"在9·11事件后,航班流量有了大幅度下降",美国三角洲航空公司（Delta Air Lines）为了保持竞争力而裁员。"因此当11 000名员工同意早退休或离职时,三角洲航空公司不到两个月就确定了那些没有备用或不能替换的员工,于是在员工离职前获得了他们所掌握的知识。主管与来自三角洲航空公司学习服务部门的一支团队合作,从 11 000 名员工中留下那些一旦离开,就会造成'关键工作损失'的有经验的人。一旦发现业绩突出的员工,就会记录下他们在企业中的职位。这样,三角洲航空公司在极短时间内,就获取了尽可能多的关键性知识"。

## 建立更有侧重点的职业发展和接替计划方案

职业发展方案为专业人员准备未来的工作提供所需的知识。例如,在新药开发速度提升四倍之后,美国惠氏(Wyeth)公司发现,6 000 名研发员工中,有 150 名临床研究负责人成为重要任务的骨干。

为了留住并培养这些日益重要的经理,企业创建了一个独特的职业发展模型,该模型针对每个职位水平限定一组决定性的能力及所需的熟练程度。根据这些能力评估所有临床研究团队的负责人,并创建了个人发展计划,为进步和发展提供机会。惠氏公司还为进一步提高临床研究负责人的知识提供途径,为不断学习和分享最好的实践方法建立合作论坛。

不要失去
员工掌握的

大量知识。

## 战胜"人才外流"

企业的知识损失是涉及整个员工职业周期（招募、雇用、绩效、保留和退休）的一个系统问题。企业可能希望使用一些不统一的解决方案。虽然其中有些方案具备一定的价值，如指导方案、建立信息数据库或雇用退休者等，但大多数方案仅仅是暂时的补救办法，综合问题需要综合和整合的解决方案。

为了保持竞争力，企业应该采取以下措施确保留住所需的专业人才：

● 制订员工规划和组织设计以确保以合适的结构和程序来推动职业发展，识别最重要的员工并制订接替计划。

● 提倡员工支持和协同工作，使用企业门户网站和企业资源管理解决方案。

● 知识结构的设计和传播，关注随时随地的知识和目前绩效模拟方案中强大的解决方案。

另外，为确保企业在临床试验管理方面的能力不断提高，临床研究负责人加入了能力团队。在能力团队中，他们能应对过程变化并满足培训要求，他们现在还

加入了专门研究临床试验管理的一个新的中央机构。

## 建立知识共同体

在很多企业中,知识只属于"专家",他们在离开时也把知识带走。正确的合作方法可以获取专家信息和见解,有助于在他们周围建立一个共同体,将他们的知识转化为共有知识。一个天衣无缝的办法就是保存公司主要专家的即时信息(IM)对话,并进行归档。这些对话常常有独到的见解,如果从电脑屏幕上消失就没有了。但是新的方法解决了这个问题,它能收集信息并可通过检索找到信息,因此确保记录下员工之间传递的信息。

> 企业的知识损失是涉及整个员工职业周期的系统问题。

## 采用更先进的网上学习技巧,尤其是在绩效模拟中使用

网上教学使员工培训产生了巨大的变革,使企业

摆脱了局限的想法：认为学习只是在教室中进行。网上教学不间断地提供高质量的教学内容，并使学习者可以随时随地地学习。

绩效模拟已被证明是卓有成效的学习手段。在模拟现实环境中完成任务（带有以规则为基础的反馈和补救措施）提供了见解、评估和指导。学习者被专家"战争故事"和观点、具体的参考资料、行业优质方法和实践活动所引导，他们可以学习并运用这些知识，以成功地完成任务。在开始学习、反复试验的时候，学习者可以得到所有的资料。

例如，为了提高获利能力并更快地适应变化，西门子（Siemens）公司遍布全球的员工必须学会使用通用的金融语言。公司专门为 10 000 名金融和商业专业人员设计了 48 小时模拟体验。模拟体验结合了技术和团队活动，把只关注国内市场的单一产品的企业转变为面临复杂商业决策的全球化的产业机构。参与者在演练中分别担任财务分析员、财务经理和项目主管。在商业评估会议上，他们以团队的形式完成一个个案例分析，使用了在以前模拟活动中获得的技能。结果是员工更深刻地体会到急需掌握一门通用语言。

## 作者简介

# 作者简介

保罗·米歇尔曼,《哈佛管理前沿》编辑。

卡桑德拉·A.弗兰戈斯,平衡记分卡专业服务公司的人才资源实践领导者。

爱德华·普鲁伊特,《哈佛管理前沿》撰稿人。

洛伦·加里,《哈佛管理通讯》编辑。

安杰利亚·赫林,《哈佛管理通讯》编辑。

玛莎·克劳默,生活在麻省剑桥的商业和市场营销作家。

艾伦·伦道夫,巴尔的摩大学的咨询家和商业教授。与肯·布兰查德(Ken Blanchard)和约翰·P.卡洛斯(John P. Carlos)合著了《授权超过1分钟和授权的三个关键因素》(Empowerment Takes More Than a Minute and The 3 Keys to Empowerment)一书。

玛丽·金德伦,《哈佛管理前沿》撰稿人。

克里丝滕·B.多纳休,《哈佛管理前沿》撰稿人。

艾伦·G.鲁宾逊,《自由点子》(Ideas Are Free)的合著者之一。

梅丽莎·拉夫尼,组织发展和经理人指导方面的专家。她也是麻省理工大学(MIT)斯隆学院的教师。

戴维·博思,埃森哲公司卫生和科学实践(Accenture Health & Sciences Practice)的合伙人。

戴维·Y.史密斯,埃森哲公司学习解决方案部门的合伙人。

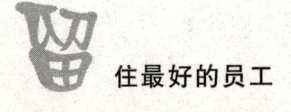